Die Karl-Stirner-Fibel

Dankblatt von Karl Stirner an seine Kinder

Die Karl-Stirner-Fibel

Lebensweg des Künstlers
Geschichte der Fibel
Verzeichnis der dargestellten
Personen und Landschaften
von Hermann Hauber

BETULIUS VERLAG STUTTGART

Inhaltsübersicht:

Bibliografische Information der Deutschen Bibliothek
Die Deutsche Bibliothek verzeichnet diese Publikation in der Deutschen Nationalbibliografie; detaillierte bibliografische Daten sind im Internet über dnb.ddb.de abrufbar.

Einband: Atelier Reichert, Stuttgart
Satz und Reproduktion: Ulf Dengler, Gold Rose Publishing, Stuttgart
Druck und Bindung: Printer Trento S.r.l.

ISBN 3-89511-082-5

Fibel

für die

katholischen Volksschulen Württembergs.

Sonst
war ich
klein.

❀

Jetzt
bin ich
groß.

Bilder von Karl Stirner.

Schwabenverlag A.-G., Stuttgart · Ellwangen · Aalen.

I I I I

I U

U U

I

U

U I

U

O O

I O I

O O

U

UI O O

IA A E

E O

I U

EI EI

MU

MA MA

A M U

E O

I

AM – IM – UM –

MI AU

L LA L

LI LA LU

MI MA MU

MILE MALE MU

O ALMA

O IM MAUL

E mi

Mi a

Al ma

Le o

E mil

Ma ma

A mi

I U O E M L A

i u o e m l a

S

ſs

Su ſe

El ſe Li ſa

Seil

los Su ſe los

ſim ſam ſau ſe

ui ui

ſo aus

maus aus

Au

au

Nina Mama

N n

Mina Miau
au meine Naſe
o Mama au au
ſo Mina ſo

○

ei eine Maus
nun leiſe los
eile ſauſe mauſe

□

Ei ei

Mina male ein 

ein Ha ſe

o He le ne ein Ha ſe
Hans lei ſe hin
hui Ha ſe ſaus
heim ins Haus
ma le Ei lein
mei nem Han ſel

H h

hi ha ho ◦ hei Ha ſe ei le ◦ hau hau

Ro ſen

Re ſe am — Lo re im —
Ma ma am —
Re ſe ho le mir ei ne Ro ſe
ei Ma ma nur ei ne
r r r r r r
o Re ſe ein —

⁕

R

ri rum ra rum
li rum la rum
Ro ſen im Mai
hei ſa hei

r

Fi ne am Reif

ein Reif aus Ei ſen
ein fei ner Reif

○ ○

Rolf ſo faul
auf Fi ne lauf
reif le ſei nen Reif

□ □

Reif lein ſau ſe
rum ums Haus
aus Frau aus
he Rolf raus
e ha Reif
nun ru he aus

F

f

Wilhelm

ei was Minor was
o Wilhelm wu wu
mein armer Minor
warum ſo weinen
los Wilhelm los
auf Minor lauf
wu wu

W w

Wilhelm im Hof
Minor im Haus
am warmen Ofen

ch Mi chel ch

ach ſo warm
Mi chel ru he aus
am wei chen Hau fen
ei hor che ch ch

Jo ſef leis he ran
ja Mi chel ſo faul
ich ſu che ei nen Halm
nun fein am Hals
he fau ler Mi chel — auf wa che auf
Frau en ſe hen her
la chen Mi chel aus
wir la chen auch
ha ha ha

J j

Scha fe

ſchrei en ſu chen na ſchen
huſch Wolf - huſch her um
raſch hin - raſch her
ja auf ei nen Hau fen
hau hau

Sch

wo ſchla fen un ſe re Scha fe
Wolf ſei wach ſam

Scha fe wa ſchen - - ja wo
nach her ſche ren - - o je
ſchar fe Sche re
ſcho ne un ſe re ar men Scha fe

ſch

ri ſche ra ſche ru ſche
Scha fe na ſchen am —

Dora und Rudi der Drache

ein Drache im Wind
Dora da ſchau hinauf
lauf Rudi lauf
durch das Feld
nach dem Dorf
dein feiner Drache
an der Schnur
hoch im Wind
hei Drache juhei
du feiner Drache
ade ade

Hilde und Adolf

o der wilde Wind
Hilde hilf mir doch
Adolf raſch daher
wer wird doch weinen

D d

das Haus in dem Dorf
das Dach auf dem Haus

Bu ben ba den

Bern hard Bru no Ri chard
ba den im Bach
bei dem Buſch
ne ben dem Baum

raſch aus den Ho ſen
her aus aus dem Hemd
hin ein in den Bach
ſo hin ab — ſo her auf — b r r r
wir rei ben uns ab
wir wer den ſau ber
wer wird uns lo ben

B b

Fiſch lein im fri ſchen Bach
la chen den Bu ben nach

ein blinder Geiger

an dem Haus ein Geiger
ſchau nur ſeine blinden Augen
ach – ſo ein armer Geiger
ſeine Geige am Hals
den Bogen in der Hand
ei horch – ſo fein – o ſo fein
an ſeinem Arm eine Schnur
an der Schnur der magere Hund
warum der Hund am Arm

☼

Georg und Hedwig horchen ſo gern
holen raſch eine Gabe
dem armen Geiger
Georg darf auch geigen
didel didel dum
das iſt aber arg ſchwer
Georg wird es noch lernen

G g

Tag um Tag wir lo ben dich Ma ria

Turm ne ben Turm
auf dem Ber ge dort
Tau ben ſchwe ben lei ſe
um den hei li gen Ort

um den Berg her Wald und Feld
bei dem Weg ein ho her Baum
an dem Baum ein al tes Bild
un ten Blu men fein ge wun den
wer ſchaut aus dem Bild her ab
es iſt Ma ria mit dem Je ſu lein

T t

To ni war bei der Tan te
dort hin ten in dem Dorf
was hat To ni in der Ta ſche
ra te ein mal

To ni be tet

Je ſus und Ma ria ſeg net mich
hei li ge Ma ria . . . . .
o Ma ria hilf

Ma ma kocht

Karl iſt auch da bei
Ma ma macht ei nen Teig
ſchau — der klei ne Kerl — was tut er
er ſagt — o koch doch raſch
ich merk ſchon was du machſt
das iſt mit Kraut ſo gut

☼

Fleiſch gibt es da nicht oft
Ku chen nur recht ſel ten
ra te Kind — an wel chen Ta gen
Milch und Brot das gibt es oft
drum iſt Karl ſo ge ſund
und feſt und rund

☼

K

der Herd iſt am Ka min
auf dem Herd iſt eine Ka chel
in der Ka chel kocht das Kraut

k

Pe ter und Paul

Pe ter an der Pum pe
Paul macht pit ſche pat ſche
Ber ta hebt den Ei mer

Pe ter pum pe mir
ich hal te un ter
raſch her ab — leicht em por
ſo recht oft
halt — ge nug halt
den Ei mer ſach te her ab
Pe ter hilf mir doch
er iſt recht ſchwer

P

p

pit ſche pat ſche pu
Ma ma was ſagſt du

zum Zug

∘ Ma ma reiſt zur Tan te
Kreſ zenz darf auch mit
Ma ma kauft ei lig ei ne Kar te
ſchon ſauſt der Zug her an
halt Zug halt
□ raſch Kreſ zenz in den Wa gen
ſchau gleich zum Fen ſter her aus
hur tig Ma ma hur tig nach
z — ſch ſchnauft der Zug da von
ade Ma ma ade Kreſ zenz
ſ— z — ſch — tſch
* wir ge hen trau rig heim
wer wird uns Ma ma ſein

Z z

ſchwar zer Zug ra ſcher Zug
trag uns Ma ma heim im Flug

ein Vo gel vor aus

zwan zig und hun dert fol gen nach
ſchau ſo hoch — ſchau ſo weit
wo hin klei ner Vo gel wo hin
ach ja — zum fer nen A fri ka
Fri da und Vik tor ru fen ade
ade mit Mund und Hand

V

zi witſch zi wi
i denk an di
zi witſch zi wi
denk au an mi

v

vom run den Neſt am Haus
ſind un ſe re Schwal ben hin aus
wir ge ben auf das Neſt lein acht
da mit ja kei ner Scha den macht

ju he Va kanz ju he

kling klang kling
Schu le iſt aus
Va kanz iſt da
wir jauch zen und ſin gen
ju hei ſa ſa
fort aus der en gen Schu le
flink fort zur wei ten Welt

ſechs Wo chen Va kanz
wir rei ſen zum On kel
wir blei ben lang dort
Franz denk oft an mich
ich bring dir et was mit

Franz ſingt und ſpringt
Ernſt winkt und dankt

ng

nk

wo iſt

der Hahn — der Rahm — der Draht — ah
das Mehl — der Feh ler — das Reh — eh
das Rohr — der Sohn — der Boh rer — oh
der Schuh — das Huhn — der Stuhl — uh
ihn ſu chen — den Feh ler — — ih
ihm zei gen — dem Leh rer

wo iſt

der Ball — der Kamm — der Kar ren
der Kel ler — der Rettich — der Vetter
der Kof fer — der Roggen — der Don ner
das Futter — der Brun nen — der Schuppen
der Him mel — der Schlitten — das Gitter

wer iſt lahm — hohl — ehr lich
ſatt — voll — nett

wer kann mah len — leh ren — boh ren
knal len — klem men — don nern
ſum men — brum men — knur ren
flattern — klettern — ſchnattern

Die Glucke und ihre Kinder

ie

ei die lieben kleinen Tierlein
wie ſie ſuchen
wie ſie rennen
wie ſie der Mutter folgen
wie viele ſind es denn
eins zwei drei vier
und noch drei
macht zuſammen ſieben

○ ○

gluck gluck — guck guck
ſo lockt die Mutter
und die Kinderlein gucken
und packen und picken
ſo flink und ſo keck
alles weg

□ □

k

ck

ſchnick ſchnack ſchnule
ſie haben keine Schule
ſie lernen bei der Mutter
wie man ſucht das Futter

Was paßt zuſammen

das Roß — kann fließen — fließt
das Schloß — kann beißen — beißt
der Fluß — kann ſchließen — ſchließt

□

ß

in der Nuß — der weiße Wein
in dem Faß — der große Kern

die Katze — muß wetzen — wetzt
unſer Fritz — kann kratzen — kratzt
der Spatz — will ſchnitzen — ſchnitzt

z ○ tz

bei großer Hitze muß man —
ein ſchmutziges Netz muß man —

was iſt groß und was iſt klein

der Mann	—	das Männ lein	—	a	ä
das Ohr	—	das Öhr lein	—	o	ö
der Fuß	—	das Füß lein	—	u	ü
das Au ge	—	das Äug lein	—	au	äu
die Maus	—	das Mäus lein			

○ ○

der Arm	—	das Ärm chen
der Kof fer	—	das Köf fer chen
die Uhr	—	das Ühr chen
der Dau men	—	das Däum chen
die Tau be	—	das Täub chen

□ □

wenig und viel

der Ball	—	die Bäl le
der Rock	—	die Röcke
die Mutter	—	die Mütter
das Haus	—	die Häu ſer
der Baum	—	die Bäu me

Das Obſt iſt reif.

Pf

Am Haus iſt ein Gar ten.
Da bin ich ſo gern.
Da win ken die Bir nen.
Da nicken die Äp fel.
Da grü ßen die Nüſ ſe.
Da la chen die Pflau men.
Da locken die Zwetſch gen.

pf

☼

Der Va ter kommt mit der Lei ter.
Die ſchö nen Äp fel will er pflücken.
Die klei nen wer den ge ſchüttelt.
Ei — wie ſie vom Wip fel hüp fen.
Eu gen duck dei nen Kopf,
daß kein Ap fel dich trifft auf den Schopf.

❦

Ein Pferd am Pflug.
Bau er — Pfei fe — Peit ſche — hü, hü.

Bei der Obſtfrau.

Eu gen muß Obſt kau fen.
Er hat kei nen Obſt gar ten.
Zwei Pfund Pflau men muß er ho len.
Heut ſind die Pflau men gar nicht teu er.
Das Pfund ko ſtet nur neun Pfen nig.
Das freut Eu gen.
Wie viel Geld muß er zah len?

Eu ☼ eu

Wer kann ra ten.

Im Häus chen mit fünf Stüb chen.
Da woh nen brau ne Büb chen.
Nicht Tür noch Tor führt ein und aus.
Wer ſie be ſucht, ver zehrt das Haus.

Im Zirkus.

In der Stadt war großer Jahrmarkt. Auch Xaver, Felix und Sophie waren mit dem Vater dort. Sie wunderten ſich ſehr, was da alles zu ſehen war.

Am ſchönſten war es im Zirkus. Da machten die Hunde allerlei Kunſtſtücke. Phylax exerzierte wie ein Soldat. Auch eine Piſtole ſchoß er los. Karo machte hohe Sprünge durch einen Reif. Tyras konnte ſogar auf dem Rad fahren. Xaver, Felix und Sophie lachten. Sie klatſchten vor Freude in die Hände.

Noch lange erzählten ſie von Phylax, Karo und Tyras und ihren Kunſtſtücken.

Ri, ra, rutſch
wir fahren in der Kutſch.
Wir fahren in der Schneckenpoſt,
wo es keinen Pfennig koſt.

Ein böſes Spiel.

Stephan und Guſtav ſpielten auf der Straße. Schau, ſagte Stephan, wie hoch ich werfen kann. Guſtav aber ſprach: Gib acht, daß du keine Scheibe triffſt. Aber ſchon hatte Stephan geworfen. O weh! Der Stein war durch die Scheibe in die Stube geflogen. Die Scheibe klirrte. Die Stube lag voller Splitter.

Das war ein böſes Spiel. Das war ein teurer Spaß.

St

Wenn ſich das Kätzlein ſonnet,
ach, laß ihm ſeine Freud.
Wer andern Freude ſtöret,
ſchafft oft ſich ſelber Leid.

Sp

Nun rat einmal, du kleiner Franz,
wie dieſe Wörter heißen ganz.

der .aumen der .ube der .arten
die .auben die .uppe die .arten

die Trau... die Brü... der Gri...l
der Dra.. der Prü... die Kri..e

das .ach der .ach die .urke
die .afel das .apier die .ugel

wer kann

.rehen .rechen .raben
.ragen .reſſen .rachen

wer iſt

.umm ..ind .latt
.aub ..ump .lein

wer

kl.ngt h.nkt ſch.nkt
ſ.ngt br.ngt d.nkt

So ſchreiben wir die Schrift.

Namen der Knaben:

Anton Bruno Dieter Emil
Franz Georg Hugo Jakob
Karl Ludwig Martin Nikolaus
Otto Peter Rudolf Simon
Stephan Titus Ulrich Vinzenz
Walter Xaver

Namen der Mädchen:

Anna Berta Dora Elſa
Frida Gertrud Hedwig Ida
Klara Lina Maria Nora
Ottilie Paula Rita Sophie
Thereſia Urſula Veronika
Walburga Xaveria Zita

1. Am Morgen.

1. Ich tu die hellen Augen auf
und ſchau, o Gott, zu dir hinauf.
Du haſt mich in der dunkeln Nacht
ſanft ſchlafen laſſen und bewacht.

2. Behüte mich auch dieſen Tag,
daß mich kein Übel treffen mag.
Und wirſt du gnädig bei mir ſein,
ſo bin ich dein, ſo bleib ich dein.

2. Gebete.

Ich bin klein,
mein Herz iſt rein.
Soll niemand drin wohnen
als Jeſus allein. Amen.

Lieber Gott, mach mich fromm,
daß ich in den Himmel komm.
Wär ſo gerne gut und rein
wie die lieben Engelein.

O Engel rein, o Schützer mein,
du Führer meiner Seele,
laß mich dir anbefohlen ſein,
daß ich vor Gott nicht fehle.

3. Spruch.

Wenn die Sonn mit hellem Schein
ſchaut ſo in dein Bett hinein,
Büblein, ſpring geſchwind heraus,
ſticht dir ſonſt die Augen aus.

4. Die faulen Mägde.

1. Eine fleißige Frau weckte ihre zwei Mägde alle Morgen zur Arbeit, ſobald der Haushahn krähte. Das gefiel den Mägden gar nicht. Sie wurden über den Hahn ſehr zornig.

2. Ganz heimlich brachten ſie ihn um. Sie meinten, nun wäre ihnen geholfen. Aber jetzt bekamen ſie es noch ſchlimmer. Die alte Frau wußte nicht mehr, wieviel Uhr es ſei. Sobald ſie aufwachte, weckte ſie auch die Mägde. Dieſe mußten jetzt oft viel früher aufſtehen als vorher.

5. Wie die Uhren gehen.

1. Die Uhren auf den Türmen, die ſind gar groß und ſchwer. Sie gehn, und mag's auch ſtürmen, ganz ruhig hin und her:

Tick — — tack — — tick — — tack!

2. Die Uhren an den Wänden, die gehen raſcher ſchon und wollen gar nicht enden mit immer gleichem Ton:

Tick — tack — tick — tack — tick — tack — tick!

3. Die Uhren in den Taſchen, die werden nimmer müd. Im muntern Lauf, im raſchen, erklingt ihr Tagwerklied:

Ticketacke ticketacke ticketacke tick!

☼

Die Uhr ſchlägt: eins, zwei, drei, vier, fünf, ſechs, ſieben, acht, neun, zehn, elf, zwölf.

6. Ulrichs Taſchenuhr.

Ulrich hat von ſeinem Onkel eine Uhr bekommen. Darüber freut er ſich ſehr. Oft hält er ſie an das Ohr und horcht, ob ſie geht. Da macht es in der Uhr immer ticke tacke, ticke tacke. Ulrich hat die Uhr auch ſchon aufgemacht und hineingeſchaut. Ah, wie das Uhrwerk glänzte und funkelte. Aber einmal fiel ſie ihm aus der Hand zur Erde. Das Glas zerbrach, und die Uhr blieb ſtehen. Der Uhrmacher mußte ſie wieder machen.

☼

Sie geht und gehet immerfort
und kommt doch keinen Schritt vom Ort.

7. Das fleißige Mütterlein.

1. Spät am Abend, früh am Morgen ſchafft das liebe Mütterlein. Für die Kinder muß es ſorgen, immer muß es fleißig ſein.

2. Hemdchen, Kleider muß es machen, Strümpfe ſtrickt es für das Kind, und noch viele ſchöne Sachen, die den Kindern nötig ſind.

3. Für ſo viele Müh und Plage will ich ſtets recht dankbar ſein und von Herzen alle Tage folgen meinem Mütterlein.

8. Das Waſſer.

Das Büblein fürchtet das Waſſer ſehr und hat doch ein ſchmutzig Geſicht. Das Bächlein ſieht's und läuft ihm nach. Das Büblein gefällt ihm nicht. Das Büblein ſchreit und ſpringt davon. Das Bächlein hat's beim Beine ſchon. Es zieht das Büblein ganz hinein und wäſcht und fegt es wieder rein.

9. Der ſüße Brei.

1. Es war einmal ein armes, frommes Mädchen. Das lebte mit ſeiner Mutter allein, und ſie hatten nichts mehr zu eſſen.

2. Da ging das Kind hinaus in den Wald. Dort begegnete ihm eine alte Frau. Die wußte ſeinen Jammer ſchon und ſchenkte ihm ein Töpfchen. Zu dieſem ſolle es ſagen: Töpfchen, koche! Dann werde es guten, ſüßen Brei kochen. Wenn es aber ſage: Töpfchen, ſteh! ſo höre es wieder auf. Das Mädchen brachte den Topf ſeiner Mutter heim. Nun waren ſie ihren Hunger los und aßen ſüßen Brei, ſo oft ſie wollten.

3. Eines Tages war das Mädchen ausgegangen. Da ſprach die Mutter: Töpfchen, koche! Da kocht es, und ſie ißt ſich ſatt. Nun will ſie, daß das Töpfchen wieder aufhören ſoll. Aber ſie weiß das Wort nicht. Alſo kocht es fort. Der Brei ſteigt über den Rand hinaus und kocht immer zu. Die Küche und das ganze Haus werden voll und das zweite Haus und die ganze Stadt auch, als wollt's die ganze Welt ſatt machen.

4. Da iſt die größte Not, und kein Menſch weiß ſich zu helfen. Endlich, wie nur noch ein einziges Haus übrig iſt, da kommt das Kind heim und ſpricht nur: Töpfchen, ſteh! Da ſteht es und hört auf zu kochen. Und wer wieder in die Stadt wollte, der mußte ſich durcheſſen.

10. Beim Eſſen.

Der Fritz, der Fritz, der kleine Butzel
will lauter Schnitz, mag keine Hutzel.
Der kleine Butzel, der Fritz, der Fritz
mag keine Hutzel, mag lauter Schnitz.

11. Fingermärchen.

Das iſt der Daumen,
der ſchüttelt Pflaumen,
der lieſt ſie auf,
der trägt ſie heim,
und der kleine,
der ißt ſie alle ganz alleine.

12. Veſperbrötchen.

1. Veſperbrötchen, ſtell dich ein, aber komm nur nicht zu klein. Denn das Spitzchen und das Spätzchen und das liebe Mauſekätzchen, alle, alle warten dein. Veſperbrötchen, ſtell dich ein!

2. Mutter, eben ſchlug es vier, und um viere veſpern wir. Wartet Spitzchen auch und Spätzchen und das liebe Mauſekätzchen, warten kann dein Franz nicht mehr, denn ihn hungert gar zu ſehr.

13. Große Not.

1. Hört! da poltert etwas in der Küche, ſagte Rudolf. Was mag das ſein? Ich will ſchnell hinausgehen und nachſehen. Kaum war er draußen, da lachte er laut und rief: Kommt raſch her!

Der Mops,
der Mops!

2. Die Eltern und die Geſchwiſter eilten in die Küche. Als ſie den Mops ſahen, da fingen ſie alle an zu lachen. Der Hund hatte nämlich aus einem braunen Topfe naſchen wollen. Nun ſaß er mit ſeinem dicken Kopf im Topfe feſt. Er ſprang wie toll hin und her und wollte den Hut abſchütteln. Aber alle Mühe war umſonſt. — Endlich erlöſte die Mutter den Mops und jagte den Näſcher zur Küche hinaus.

14. Der treue Pudel führt ſeinen blinden Herrn.

1. Es war einmal ein blinder Mann. Der konnte gar nichts verdienen. Den letzten Pfennig hatte er ausgegeben und jetzt mußte er betteln. Aber er hatte keinen Menſchen, der ihn führte.

2. Da band er ſeinen guten Pudel an eine Schnur. Mit ihm durchwanderte er die Straßen. Vor jedem Haus blieb der kluge Hund pünktlich ſtehen und bellte. So wurden die Leute auf ſeinen

Herrn aufmerkſam. Sie hatten Mitleid mit dem armen Blinden und gaben ihm jedesmal von Herzen gern Almoſen. Er aber teilte das Brot mit ſeinem lieben Führer.

3. Eines Tages ſtarb der Mann. Man begrub ihn unter der großen Weide draußen auf dem Friedhof. Alle Kinder im Dorfe folgten dem Leichenzug. Auch der Pudel trauerte. Er fraß nicht mehr und eilte immer wieder zur Ruheſtätte des Verſtorbenen. Ja, eines Tages fand man den treuen Hund tot auf dem Grabe ſeines Herrn.

15. Schwarzes Brot mag ich nicht.

Weißes Brot eſſe ich gerne, ſagte Berta, aber ſchwarzes mag ich nicht.

Du wirſt noch froh ſein, wenn du genug ſchwarzes Brot haſt, erwiderte die Mutter.

Sie hatte recht. Im Sommer kam ein ſchweres Gewitter. Der Hagel zerſchlug das Getreide. Es gab nur wenig Mehl und darum auch wenig Brot. Das aber war teuer. Die Mutter konnte oft nur wenig kaufen. Jetzt war Berta froh, wenn ſie ſchwarzes Brot bekam.

So, ſagte die Mutter, gelt ich hatte doch recht. Es iſt wahr geworden, was ich dir vorausgeſagt habe. Verachte alſo nie mehr das ſchwarze Brot. Dieſes kommt auch vom lieben Gott. Nun weißt du auch, warum wir beten:

Gib uns heute unſer tägliches Brot!

16. Das Stücklein Brot.

1. Im Weg das Stücklein Brot
tritt nicht mit deinem Fuß,
weil's in des Hungers Not
ein Tierlein finden muß.

2. Leg's auf den Stein vorm Haus,
und kannſt du, bröſel's klein.
Still dankt es dir die Maus
und ſtill das Vögelein.

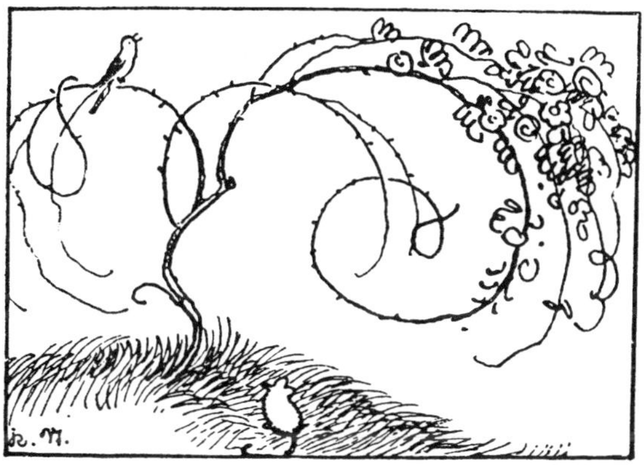

17. Mäuschen.

Grau grau Mäuschen,
bleib in deinem Häuschen!
Frißt du mir mein Butterbrot,
kommt die Katz und beißt dich tot.
Grau grau Mäuschen,
bleib in deinem Häuschen!

❀

18. Die Wohnung der Maus.

Ich frag die Maus: Wo iſt dein Haus? Die Maus drauf erwidert mir: Sag's nicht der Katz, ſo ſag ich's dir. Treppauf, treppab, erſt rechts, dann links, dann wieder rechts und dann gradaus, dort iſt mein Haus. Du wirſt es ſchon erblicken! Die Tür iſt klein, und trittſt du ein, vergiß nicht, dich zu bücken.

19. Wie die Kätzchen heißen.

Kätzchen,
nun müßt ihr auch
Namen haben,
jedes von euch nach
Kunſt und Gaben:
Sammetfell heiß ich dich,
jenes dort Leiſeſchlich,
dieſes da Fangemaus,
aber dich Töpfchenaus.

20. Vom Kätzlein.

1. Ich weiß ein Kätzlein wundernett, ein Kätzlein, weiß und grau. Wenn's in die Stube will, ſo ſchreit's: Miau, miau, miau!

2. Und wenn das Kätzlein eſſen möcht, ſo ſchmeichelt es der Frau und ſchreit und bettelt immerfort: Miau, miau, miau!

3. Und wenn des Nachbars Hündlein kommt und bellt es an: Wau, wau! ſo ſpringt es auf den Baum und ſchreit: Miau, miau, miau!

21. Der Abend kommt.

Der Abend kommt und mit ihm der Schlaf. Das Vöglein ſchläft in ſeinem Neſt, das Häslein im Buſch, das Kätzchen hinter dem Ofen. Ochs, Kuh und Schaf ruhen im Stall. Das Täubchen ſitzt im Schlag und der Hahn auf ſeiner Stange. Da wird's ſtille. Auch der Wind mag nicht mehr brauſen und der Wald nicht mehr rauſchen. Nun ſchlafen auch die Kinder und Vater und Mutter. Nur der liebe Gott ſchläft und ſchlummert nicht.

22. Wenn die Kinder ſchlafen gehen.

Abends, wenn ich ſchlafen geh,
vierzehn Englein mit mir gehn,
zwei zu meiner Rechten,
zwei zu meiner Linken,
zwei zu meinen Häupten,
zwei zu meinen Füßen,
zwei, die mich decken,
zwei, die mich wecken,
zwei, die mich führen ein
in das Paradies hinein.

23. Wenn Kinder beten.

Wenn die kleinen Kinder beten,
hören all die Sternlein zu,
und die Engel alle treten
leis herzu auf gold'nem Schuh,
lauſchen auf des Kindes Worte,
ſchließen tief ins Herz ſie ein,
tragen durch die Himmelspforte
ſie zum lieben Gott hinein.

❄

24. Das Sandmännchen.

1. Alle Abende, wenn es anfängt dunkel zu werden, geht ein kleines Männchen durch die Dörfer und Städte. Auf ſeinem Rücken hat es ein Säcklein mit feinem Sand. Es geht ſo leiſe, daß niemand es hört. Es iſt ſo klein, daß niemand es ſieht.

2. Sandmännchen hat ſehr viel zu tun; denn es muß alle Kinder beſuchen. Zuerſt kommt es zu den ganz kleinen Kindern. Da nimmt es zwei kleine Körnchen Sand aus dem Säcklein und ſtreut ſie dem Kind auf die Augen. Und bald ſchläft es ein.

3. Dann geht es zu den größeren Kindern und macht's ebenſo, bis alle in ihren Bettchen ſchlafen.

4. Wenn Sandmännchen einmal ein Kind vergeſſen hat, ſo kann das die ganze Nacht nicht ſchlafen.

25. Abendlied.

Bald iſt es wieder Nacht.
Mein Bettlein iſt gemacht.
Drein will ich mich legen
mit Gottes Segen,
weil er die ganze Nacht
gar treulich mich bewacht.

Da ſchlaf ich fröhlich ein.
Gar ſicher kann ich ſein.
Vom Himmel geſchwinde
kommen Engelein linde
und decken ſtill mich zu
und ſchützen meine Ruh.

Und wird's dann wieder hell,
da wecken ſie mich ſchnell.
Dann ſpring ich ſo munter
vom Bettlein herunter.
Hab Dank, Gott Vater, du,
ihr Englein auch dazu!

26. Bächlein und Knäblein.

1. Bächlein, wohin ſo munter? – Immer den Berg hinunter, immer ins Tal hinein! Bin noch ſo jung und klein. Möchte gern größer ſein, möcht gern auf Erden ein Fluß noch werden!

2. Knäblein, wohin ſo munter? – Immer die Treppe hinunter, immer zur Schule hinein! Bin noch ſo jung und klein. Möchte gern größer ſein, möcht gern auf Erden was Rechtes noch werden!

27. Wie die Wochentage heißen.

Sonntag – Montag – Dienstag

Mittwoch

Donnerstag – Freitag – Samstag.

28. Der Sonntag.

Gott im Himmel hat geſprochen: Sieben Tag ſind in der Wochen. Sechs davon will ich euch geben. Schaffet da, was hilft zum Leben. Doch der Sonntag bleibe mein. Da will ich euch unterweiſen, mir zu dienen, mich zu preiſen, gut und fromm vor mir zu ſein. Liebes Kind, vergiß es nicht, was der Herr vom Sonntag ſpricht!

29. Die Kirche.

Nicht weit von unſerem Hauſe iſt die Kirche. Ihr hoher Turm trägt ein Kreuz. Die Glocken im Turme rufen uns zur heiligen Meſſe. Wir treten in das Gotteshaus. Viele Menſchen knieen in den Betſtühlen. Es iſt recht ſtill in der Kirche. Alles ſchaut auf den Altar und betet andächtig. Auch wir beten vor dem Bilde des lieben Heilandes recht innig:

Lieber Jeſus, komm zu mir,
mach ein frommes Kind aus mir.
Mein Herz iſt klein, darf niemand hinein
als du, mein liebes Jeſulein.

30. Das Auge Gottes.

1. Jakob und Anna waren einmal allein zu Hauſe. Da ſagte Jakob zu Anna: Komm, wir wollen etwas Gutes zu eſſen ſuchen und es uns recht ſchmecken laſſen. Anna ſprach: Wenn es niemand ſieht, tu ich mit.

2. Nun, ſagte Jakob, ſo komm in die Kammer, wo die Milch ſteht. Dort wollen wir eine Schüſſel ſüßen Rahm eſſen. Anna ſprach: Da ſieht es der Nachbar, der auf der Gaſſe Holz ſpaltet.

3. So komm in die Küche, ſagte Jakob. Dort ſteht im Kaſten ein Topf voll Honig. Da können wir unſer Brot eintunken. Anna ſprach: Dort kann uns die Nachbarin ſehen, die am Fenſter ſitzt und ſtrickt.

4. So wollen wir drunten im Keller Äpfel eſſen, ſagte endlich Jakob. Dort iſt es ſo finſter, daß uns gewiß niemand ſieht. Anna aber ſprach: O lieber Jakob, dort ſieht's der liebe Gott. Der ſitzt im Himmel und ſchaut überall hin und ſieht auch im Dunkeln. Jakob erſchrak und ſagte: Du haſt recht, liebe Schweſter.

Wo ich bin und was ich tu,
ſieht mir Gott, mein Vater, zu.

31. Der göttliche Kinderfreund.

Der liebe Heiland hatte die Kinder ſehr gerne. Eines Abends war er arg müde. Er hatte den ganzen Tag gepredigt und Kranke geheilt.

Da kamen fromme Mütter mit ihren Kindern zu ihm. Die Apoſtel wollten ſie zurückweiſen. Aber Jeſus ſprach:

Laſſet die Kinder zu mir kommen und wehret es ihnen nicht, denn für ſolche iſt das Himmelreich.

Dann nahm er die Kinder voll Liebe auf ſeine Arme, legte ihnen die Hände auf und ſegnete ſie.

Jeſu, dir leb ich, Jeſu, dir ſterb ich,
Jeſu, dein bin ich im Leben und im Tod.

32. Das Geigenſpiel.

1. Eine kleine Geige möcht ich haben,
eine kleine Geige hätt ich gern.
Alle Tage ſpielt ich mir
zwei, drei Stückchen oder vier,
und ſänge und ſpränge gar luſtig herum.
Didel didel dum dum, didel didel dum,
didel didel dum, dum dum dum dum.

2. Eine kleine Geige klingt gar lieblich,
eine kleine Geige klingt gar ſchön.
Nachbars Kinder und unſer Spitz
kämen alle wie der Blitz,
und ſängen und ſprängen mit mir auch herum.
Didel didel dum dum, didel didel dum,
didel didel dum, dum dum dum dum.

33. Rätſel.

Ich weiß ein ſchönes, großes Haus.
Viel Kinder gehn da ein und aus.
Die beten, ſingen, leſen, ſchreiben.
Und was ſie ſonſt noch alles treiben,
das macht ſie frömmer und geſcheiter.
Mein Kind, nun ſag ich dir nichts weiter.
Du weißt ja ſelbſt, in welchem Haus
viel Kinder gehen ein und aus.

34. Der kleine Schüler.

1. Sonſt war ich klein, jetzt bin ich groß,
lern leſen, rechnen, ſchreiben,
ſitz nicht mehr auf der Mutter Schoß.
Ich mag zu Haus nicht bleiben.

2. Sobald zur Schul' das Glöcklein ſchlägt,
ſo greif ich nach dem Buche.
Der Griffel iſt zurecht gelegt,
daß ich nicht lange ſuche.

3. Und in der Schule merk ich auf,
damit ich fleißig lerne.
Drum hat mich auch, ich wette drauf,
mein Lehrer ſchon recht gerne.

35. Der kleine Lehrer.

1. Aufgepaßt und hingeſetzt!
Hände hübſch gefaltet!
Daß ihr mir auch alle jetzt
eure Schnäbel haltet!

2. Lieſe, wenn du nicht bald ſchweigſt,
zupf ich dich am Ohre.
Max, wenn du dich vorlaut zeigſt,
komm ich mit dem Rohre.

3. So, nun melde jeder ſich
gleich bei ſeinem Namen!
Denn beginnen feierlich
ſoll jetzt das Examen.

36. Dumme Sachen.

Vögel, die nicht ſingen,
Glocken, die nicht klingen,
Pferde, die nicht ſpringen,
Piſtolen, die nicht krachen,
Kinder, die nicht lachen,
was ſind das für Sachen?

37. Wer weiß weiter?

Der Himmel iſt blau.
Das Mäuschen iſt — .
Der Fiſch iſt ſtumm.
Die Gans iſt — .

Der Bettler iſt arm.
Der Herd wird — .
Der Turm iſt hoch.
Mein Schuh hat ein — .

Klein iſt der Zwerg.
Groß iſt der — .
Blau iſt der Himmel.
Weiß iſt der — .

Hart iſt der Stein.
Im Faß iſt der — .
Im Stall iſt die Kuh
und die ſchreit — .

38. Zungenſpäſſe.

1. Zippel, zappel, Zeppelin,
   laß uns heute mit dir ziehn.
2. Schneiders Schere ſchneidet ſcharf,
   ſcharf ſchneidet Schneiders Schere.
3. Der Metzger wetzt das Metzgermeſſer.
4. Kein klein Kind kann Kirſchkern knacken.
5. Fiſchers Fritz fiſcht friſche Fiſche,
   friſche Fiſche fiſcht Fiſchers Fritz.
6. Wir Waſchweiber wollten weiße Wäſche waſchen,
   wenn wir wüßten, wo warmes Waſſer wäre.

39. Rätſel.

Wer von euch iſt klug und fleißig?
Viele ſchöne Rätſel weiß ich.
Spitzt das Ohr und ſpitzt die Feder,
und nun ſchreib ſich auf ein jeder:

☼

Welche Uhr hat keine Räder?
Welcher Schuh iſt nicht von Leder?
Welcher Stock hat keine Zwinge?
Welche Schere keine Klinge?

Welches Faß hat keinen Reif?
Welches Pferd hat keinen Schweif?
Welches Häuschen hat kein Dach?
Welche Mühle keinen Bach?

☼

Welcher Kamm iſt nicht von Bein?
Welche Wand iſt nicht von Stein?
Welche Kuh hat gar kein Horn?
Welche Roſe keinen Dorn?

Welcher Schlüſſel ſperrt kein Schloß?
Welchen Karren zieht kein Roß?
Welches Futter frißt kein Gaul?
Welche Katze hat kein Maul?

☼

Wieviel Köpfe hat der Hund?
Wieviel Lippen hat der Mund?
Wieviel Blättchen hat der Klee?
Wieviel Beine hat das Reh?
Wieviel Finger hat die Hand?
Wieviel Körner hat der Sand?

40. Spatzenfrühſtück.

1. Es läutet. Nun gehen wir auf den Hof. Dort verzehren wir unſer Frühſtück. Wie das ſchmeckt!

2. Da kommt ein Spatz geflogen, der ſpricht: Gib, gib! Das verſtehen wir. Ich breche ein Stückchen von meinem Brote ab und werfe es ihm hin. Gleich hüpft er hinzu. Er faßt es mit ſeinem Schnabel und will es freſſen.

3. Ein anderer Spatz ſieht das von der Linde aus. Gleich iſt der auch da. Gib her, gib her! ruft er ärgerlich. Nicht, nicht! antwortet der erſte und fliegt mit dem fetten Biſſen davon, der andere ihm nach. Es fehlt nicht viel, ſo zanken ſie ſich noch.

4. Der Spatz würgt und würgt. Jetzt iſt der Biſſen verſchluckt. Aber ſchon bettelt der Burſche wieder, der andere auch, noch einer, noch einer, eine große Schar.

5. Die Vögel ſind gar nicht ängſtlich. Sie hüpfen unter uns umher, als gehörten ſie zu uns. Von allen Seiten werden ihnen Krümchen und Bröckchen geſtreut. Die Spätzlein müſſen hungrig ſein; denn ſchon iſt das Futter aufgepickt. Mehr, mehr! ſchreien ſie.

6. Aber wo ſeid ihr geſteckt? Eure grauen Kittel ſind recht ſchmutzig. Ihr ſeid wohl Kaminfeger geworden? Euer Rock ſieht danach aus.

7. Brr — flattert das ganze Volk davon. Ein Junge hat den Arm erhoben. Das kennen die Tiere von der Gaſſe her. Aber der Knabe tut ihnen nichts. Schelm! ſchilt ein alter Spatz. Schelm, Schelm, Schelm! ruft die ganze Geſellſchaft.

41. Im Herbst.

Huh, ist das ein Wetter!
Huh, ist das ein Wind,
reißt vom Baum die Blätter,
rennt an jedes Kind,
nimmt vom Kopf die Mütze,
macht sie pudelnaß,
wirft sie in die Pfütze.
Huh, das ist kein Spaß!

42. Der Winter ist da.

a a a
der Winter, der ist da.

e e e
nun gibt es Eis und Schnee.

i i i
vergiß die Armen nie.

o o o
wie sind wir Kinder froh.

u u u
ich weiß wohl, was ich tu.

43. Der erste Schnee.

1. Hurra! hurra! der erste Schnee!
Nun gibt es Schlittenfahrt, juhe!
Holt nur den Schlitten schnell herbei,
zu sehn, ob er in Ordnung sei!

2. Im Hofe liegt der Schnee schon hoch,
und immer, immer schneit es noch.
Nun wird auch bald, das sollt ihr sehn,
am Tor ein großer Schneemann stehn.

44. Rätsel.

Weiß wie Kreide,
leicht wie Flaum,
weich wie Seide,
feucht wie Schaum.

45. Wenn es schneit.

Es schneielet, es beielet,
es geht ein kühler Wind,
es fliegt ein weißes Vögele
aufs Köpfle jedem Kind.

46. Das Spätzlein.

1. Du liebes, kleines Spätzlein du,
dort auf dem dürren Ast,
warum schreist du denn immerzu?
Gelt, weil du Hunger hast.

2. Der liebe Gott hat zugedeckt
die Berge und das Tal
und unterm weißen Schnee versteckt
die Körnlein allzumal.

3. Der liebe Gott doch an dich denkt,
komm, Spätzlein, komm zu mir.
Mir hat er Brot genug geschenkt,
davon geb ich auch dir.

4. So komm nur her, Grauröcklein du,
Gott hat es dir geschickt.
Friß dich hier satt in guter Ruh,
nur fleißig aufgepickt!

5. Was klopfst du an das Fensterlein?
Dich friert es sicherlich.
So komme hurtig doch herein
und wärm beim Ofen dich!

47. Sankt Niklas.

Sankt Niklas ist ein braver Mann,
bringt kleinen Kindern, was er kann.
Die großen läßt er laufen,
die können sich was kaufen.

✻

Lieber Nikolaus,
komm in unser Haus,
laß die Rut nicht raus,
pack die Taschen aus.
Alle Kinder essen gern
Aepfel, Nüsse, Mandelkern.

48. Heiliger Abend.

Es war heiliger Abend. Ernst und Cäcilia warteten voll Ungeduld auf die Bescherung. Endlich rief die Mutter: Kinder, das Christkindlein ist gekommen.

Ernst und Cäcilia stürmten in die Stube. Wie staunten sie da! Hundert Lichtlein strahlten am lieben Christbaum. Ein Kripplein stand darunter. Daneben lagen prächtige Geschenke und süßes Gebäck. Die ganze Familie betete zum Christkindlein:

Dich grüßen wir, o Jesulein, hold Kindelein.
Wir wollen all dein eigen sein, süß Jesulein.

Dann sangen alle: Stille Nacht, heilige Nacht.

Jetzt wurden die Geschenke ausgeteilt. Ernst bekam eine Burg mit Soldaten und Cäcilia eine schöne Puppe.

Wie jubelten da die Kinder!

Gelobt sei Jesus Christus!

49. Christkindlein.

1. Alle Jahre wieder kommt das Christuskind
auf die Erde nieder, wo wir Menschen sind.

2. Kehrt mit seinem Segen ein in jedes Haus,
geht auf allen Wegen mit uns ein und aus.

3. Ist auch mir zur Seite still und unerkannt,
daß es treu mich leite an der lieben Hand.

50. Tanne und Birke.

1. Ein Häufchen Kinder redete einmal von den schönen Bäumen. Da sagte eins: Wißt ihr auch, welches der schönste Baum auf der Welt ist? Das kleine Hannchen klatschte in die Hände und rief: O, das ist der Christbaum, der so viele Lichter und so herrliche Sachen für die Kinder trägt! Und alle sagten: Ja, ja, es ist der Christbaum, es ist die Tanne.

2. Das Kind fragte wieder: Welches aber ist der häßlichste Baum? Und der schlimme Franz rief geschwind: Das ist die Birke, weil man aus ihren Zweigen Ruten macht. Da lachten alle Kinder. Sie wußten wohl, daß seine Mutter eine Rute für den schlimmen Buben brauchte.

51. Weihnachtslied.

1. Zu Bethlehem geboren ist uns ein Kindelein.
Das hab ich mir erkoren, sein eigen will ich sein.

2. In seine Lieb versenken will ich mich ganz hinab.
Mein Herz will ich ihm schenken und alles, was ich hab.

3. O Kindelein, von Herzen will ich dich lieben sehr,
in Freuden und in Schmerzen, je länger desto mehr.

52. Vor dem Christbaum.

1. Da guck einmal, was gestern nacht
Christkindlein alles mir gebracht!
Ein Räppchen und ein Wägelein,
ein Käppchen und ein Krägelein,
ein Tütchen und ein Rütchen,
ein Büchlein voller Sprüchlein.

2. Das Tütchen, wenn ich fleißig lern,
das Rütchen, tät ich es nicht gern.
Und nun erst gar den Weihnachtsbaum!
Ein schönrer steht im Walde kaum.
Ja, schau nur her, und schau nur hin,
und schau, wie ich so glücklich bin.

53. Zum neuen Jahr.

Ein kleines Büblein bin ich,
drum wünsch ich kurz, doch innig
ein glückliches Neujahr.
Und was euch freut, das weiß ich:
wenn brav ich bin und fleißig,
mehr als ich sonst es war.
Gesundheit, Freude, Frieden
sei euch von Gott beschieden,
wie heut, so immerdar.

54. Das sind die Namen der Monate.

Januar	Februar	März
April	Mai	Juni
Juli	August	September
Oktober	November	Dezember.

55. Die Sterntaler.

1. Es war einmal ein kleines Mädchen. Dem waren Vater und Mutter gestorben. Es war so arm, daß es kein Kämmerchen mehr hatte, darin zu wohnen, und kein Bettchen mehr, darin zu schlafen. Gar nichts mehr hatte es als die Kleider auf dem Leib und ein Stück Brot in der Hand, das ihm gute Leute geschenkt hatten. Es war aber fromm und gut. Und weil es so von aller Welt verlassen war, ging es im Vertrauen auf den lieben Gott hinaus in das Feld.

2. Da begegnete ihm ein armer Mann. Der sprach: Ach, gib mir doch etwas zu essen! Ich bin so hungrig. Es reichte ihm das ganze Stückchen Brot und sagte: Gott segne dir's! und ging weiter.

3. Da kam ein Kind. Das jammerte und sprach: Es friert mich so an meinen Kopf. Schenk mir etwas, womit ich mich bedecken kann. Da tat es sein Kopftüchlein ab und gab es ihm.

4. Als es noch eine Weile gegangen war, kam wieder ein Kind. Das hatte kein Leibchen an und fror. Da gab es ihm sein eigenes.

5. Endlich gelangte es in einen Wald, und es war schon dunkel geworden. Da kam noch ein Kind und bat um sein Röcklein. Das fromme Mädchen dachte: Es ist dunkle Nacht. Da sieht dich niemand. Du kannst wohl dein Röcklein weggeben. So gab es sein Röcklein auch noch hin.

6. Und wie es dastand und nichts mehr hatte, fielen auf einmal die Sterne vom Himmel und waren lauter harte, blanke Taler. Und ob es gleich sein Röcklein weggegeben hatte, so hatte es jetzt ein neues an, und das war von der allerfeinsten Leinwand. Da sammelte es die Taler hinein und war reich für sein Lebtag.

56. O wie kalt ist es heute!

1. Das ist aber eine Kälte, sagte die Mutter, als sie vom Bäcker zurückkam. Und geschneit hat es, daß man kaum gehen kann.

2. Dann hol ich meinen Schlitten! rief Johann und stieg die Treppe hinauf. Sein Schlitten war noch ganz neu. Sankt Nikolaus hatte ihn erst vor ein paar Wochen gebracht. Die Mutter wickelte Johann einen dicken Schal um die Ohren und gab ihm seine neuen Handschuhe. Und dann ging's hinaus.

3. Da war ja auch sein Freund Ernst. Ernst, ich hab meinen Schlitten, zieh mich einmal! rief Johann. Und Ernst kam und zog ihn. O wie tüchtig konnte er laufen! Wie schnell flog der Schlitten dahin!

4. Aber am Mittag, als Johann nach Haus kam und sich zu Tisch setzte, da konnte er nicht die Gabel halten, so steif waren seine Finger gefroren. Hundert Nadeln stachen darin!

57. Schlittenritt.

1. Auf dem Schlitten, auf dem Schlitten
sind wir immer froh geritten,
sind geritten stolz und munter
von dem Berg ins Tal hinunter.

2. Abwärts sind wir rasch geflogen,
aufwärts haben wir gezogen
an dem Stricke unsern Gaul.
Aufwärts war er immer faul.

3. Aber abwärts ihn zu lenken,
Schönres läßt sich gar nicht denken!
Und, wenn wir gestürzt zuweilen,
gab's doch keine schlimmen Beulen.

58. Verstecken.

Die Mutter ist ausgegangen. Gleich wird sie wieder kommen. Schnell verstecken sich die Kinder. Berta duckt sich hinter dem Ofen in die Ecke. Franz schlüpft unter das Sofa. Mina verschwindet unter dem Tisch. Sie zieht die Tischdecke weit herunter.

Da öffnet die Mutter die Türe und sagt: Grüß Gott, Kinder! O, sie sind nicht da. Wo sind sie nur?

Kuckuck, ruft da Franz. Die Mutter muß lachen. Sie hebt die Tischdecke weg. Da entdeckt sie Minas roten Rock. Oho, ruft sie, und da in der Ecke sehe ich Bertas blaue Schürze. Nur Franz kann sie nicht finden.

Kuckuck, ruft er nochmal, Kuckuck, Kuckuck.

Da bückt sich die Mutter und holt den Schelm unter dem Sofa hervor.

59. Backe, backe Kuchen.

Backe, backe Kuchen,
der Bäcker hat gerufen.
Wer will guten Kuchen backen,
der muß haben sieben Sachen:
Eier und Schmalz,
Butter und Salz,
Milch und Mehl,
Safran macht den Kuchen gehl.

60. Zahnweh.

Hugo hatte schon zwei Tage heftiges Zahnweh. Er konnte vor Schmerz nicht essen und nicht schlafen.

Ei komm, sagte der Vater, wir gehen zum Zahnarzt. Hugo ging nicht gerne mit. Er hatte Angst vor dem Zahnarzt. Dieser aber war ganz freundlich. Er schaute nach dem kranken Zahn. Rasch nahm er die Zange. Mit einem Ruck war der böse Zahn heraus.

Siehst du, sagte er zu Hugo, wärest du nur gleich zu mir gekommen. Du hättest dann nicht so lange Schmerzen gehabt.

Wer gar zu oft ißt Zuckerbrot,
macht seinen Zähnen große Not.

61. Auf dem Jahrmarkt.

Liebe Kindlein, kauft ein!
Hier ein Hündlein, hier ein Schwein,
Trommel und Schlegel,
ein Reitpferd, ein Wägel,
Kugeln und Kegel, Kistchen und Pfeifer,
Kutscher und Läufer, Husar und Schweizer!
Nur ein paar Kreuzer, ist alles dein!
Kindlein, kauft ein!

62. Ausfahrt.

1. Schlitten vorm Haus.
Steig ein, kleine Maus.
Zwei Kätzchen davor,
so geht's durchs Tor.
Zwei Kätzchen dahinter,
so geht's durch den Winter.

2. Hinein ins Feld.
Wie weiß ist die Welt.
Auf einmal, o weh,
kleine Maus liegt im Schnee,
kleine Maus liegt im Graben.
Wer will sie haben?

3. Schlitten vorm Haus.
Wo blieb kleine Maus?
Die Kätzchen, miau,
die wissen's genau.
Hat nicht still gesessen,
da haben wir sie gefressen.

63. Der Schneemann.

1. Seht den Mann, o große Not,
wie er mit dem Stocke droht,
gestern schon und heute noch!
Aber niemals schlägt er doch.
Schneemann, bist ein armer Wicht,
hast den Stock und wehrst dich nicht.

2. Freilich ist's ein armer Mann,
der nicht schlagen noch laufen kann.
Schleierweiß ist sein Gesicht.
Liebe Sonne, schein nur nicht!
Sonst wird er wie Butter weich
und zerschmilzt zu Wasser gleich.

64. Das Fünkchen.

1. Das Kind hatte mit Zündhölzchen gespielt, obgleich es die Mutter schon oft verboten hatte. Da war auf einmal ein Fünklein fortgeflogen. Es hatte sich in das Stroh versteckt. Das Stroh aber fing an zu brennen. Ehe das Kind es dachte, schlug die Flamme heraus.

2. Dem Kind wird angst und bang. Es läuft fort und sagt niemand etwas von der Flamme. Weil niemand Wasser darauf schüttet, wird die Flamme immer größer. Sie kommt an die Vorhänge. Sie kommt an das Bett, an den Tisch, an die Stühle, an den Kasten. Die Flamme wird so hoch wie der Kirchturm.

3. Da schreien die Leute. Die Glocken läuten. Die Feuerwehr rasselt herbei. Man spritzt und schüttet Wasser in das Feuer. Aber es ist zu spät. Alles hilft nichts mehr. Das ganze Haus brennt ab. Nur Kohlen und Asche bleiben übrig.

4. Vater, Mutter und Kind hatten kein Bett mehr, um darin zu schlafen, kein Haus, um darin zu wohnen, keinen Tisch, um daran zu essen. Traurig standen sie da und weinten. Das Kind, das mit dem Fünkchen gespielt hatte, war schuld daran.

Messer, Gabel, Feuer, Licht
taugt für kleine Kinder nicht.

65. Das Vögelein.

Im Winter kam ein Vögelein an unser Fenster und pickte an die Scheiben. Wir machten das Fenster auf und ließen es herein. Da pickte es am Boden die Brosamen auf und war ganz zahm.

2. Aber als der Winter vorbei war, da saß das Vögelein wieder am Fenster. Es schaute traurig hinaus in den Sonnenschein. Der Vater machte ihm auf. Husch! war es fort.

66. Abschied des Winters.

1. Winter, ade! Scheiden tut weh!
Aber dein Scheiden macht,
daß jetzt mein Herze lacht.
Winter, ade! Scheiden tut weh!

2. Winter, ade! Scheiden tut weh!
Gerne vergeß ich dein,
kannst immer ferne sein.
Winter, ade! Scheiden tut weh!

3. Winter, ade! Scheiden tut weh!
Gehst du nicht bald nach Haus,
lacht dich der Kuckuck aus.
Winter, ade! Scheiden tut weh!

67. Der Star.

1. Der alte Jäger Moritz hatte in seiner Stube einen abgerichteten Star. Der konnte einige Worte sprechen. Wenn der Jäger rief: Stärlein, wo bist du? so schrie der Star allemal: Da bin ich!

2. Des Nachbars kleiner Karl hatte an dem Vogel eine ganz besondere Freude. Er machte ihm

öfters einen Besuch. Als Karl wieder einmal hinkam, war der Jäger gerade nicht in der Stube. Karl fing geschwind den Vogel, steckte ihn in die Tasche und wollte mit ihm fortschleichen.

3. Allein in demselben Augenblick kam der Jäger zur Türe herein. Er wollte dem Knaben eine Freude machen und rief wie gewöhnlich: Stärlein, wo bist du? Sogleich kam aus der Tasche des Knaben die laute Antwort: Da bin ich!

68. Schäfchen kommen vorbei.

Franz! Berta! ruft die Mutter. Lauft vor das Haus. Schäfchen kommen. Da sind sie schon, eine ganze Herde. Auch Lämmlein sind dabei. Dort ist ein ganz kleines weißes. Das ist gewiß erst einige Tage alt. Es läuft bei seiner Mutter und schreit immer: Mä=mä. Berta möchte das Schäfchen haben. Frage den Schäfer, ob du es bekommst, sagt Franz. Aber Berta fürchtet den großen braunen Schäferhund.

Franz holt schnell ein Büschel Gras. Er will es dem Lämmchen geben. Aber da kommt schon der Hund und scheucht die Tierchen fort. O, wie Franz da erschrocken ist.

Rasch gehen beide Kinder wieder zur Mutter. Berta spielt mit ihrer Puppe. Sie schaukelt ihr Kindchen und singt:

Schlaf, Kindlein schlaf.
Der Vater hütet Schaf.
Die Mutter schüttelt 's Bäumelein,
da fällt herab ein Träumelein.
Schlaf, Kindlein, schlaf.

69. Kleine Kinder.

Lirum larum Löffelstiel,
kleine Kinder fragen viel,
fragen, warum dies und das?
Warum macht der Regen naß?
Warum ist so glatt das Eis
und der Schnee so glänzend weiß?
Warum hat das kleine Mäuschen
wie die Schnecke nicht ein Häuschen?
Warum hat die Puppe Beine
und kann doch nicht gehn alleine?
Lirum larum Löffelstiel,
kleine Kinder fragen viel.

70. Ich weiß nicht weiter, bist du gescheiter?

1. Die Meise pfeift ziwi,
der Hahn kräht – – –.
Das Hündchen bellt wau, wau,
das Kätzlein schreit – –.
Der Wolf heult laut hu, hu,
das Kälblein brummt – –.
Das Lämmlein blöckt mäh, mäh,
der Michel lacht – –.

2. Willst du noch einmal raten?
Am Sonntag gibt es – –.
Auf das Brot streicht man Butter.
Die Kuh frißt das – –.
Vor dem Haus bellt der Hund,
und wer pfeift, spitzt den –.
Wer faul ist und grob,
kriegt selten ein –.
Und bringst du nichts heraus,
so lach ich dich recht –.

71. Lied vom feinen Mädchen.

Ich bin ein feins Mädchen,
kann drehen das Rädchen,
kann stricken die Maschen
und flicken die Taschen,
kann nädeln und putzen
und fädeln und stutzen,
kann singen und springen
und braten und kochen
das Fleisch und die Knochen.

72. Nimmer weh.

Heile, heile Segen,
drei Tag Regen,
drei Tag Schnee,
bis morgen tut's nimmer weh!

73. Der Storch.

1. Storch, Storch, Schniebel, Schnabel,
mit der langen Heugabel,
mit den langen Beinen!
Wenn die Sonne tut scheinen,
steht er auf dem Kirchendach,
klappert dann, bis alles wach.

2. Storch hat sich aufs Nest gestellt,
guckt herab auf Dorf und Feld.
Wird bald Ostern sein?
Kommt hervor, ihr Blümelein.
Komm hervor, du grünes Gras.
Komm herein, du Osterhas.
Komm fein bald und fehl mir nit,
bring auch deine Eier mit!

74. Ein Telephon.

Sophie, komm, ich weiß ein feines Spiel, sagte Joseph. Wir machen ein Telephon. Guck, hier habe ich zwei leere, runde Schachteln. Jede hat im Boden ein Loch. Da hindurch geht das Ende einer langen Schnur. Ein Knopf an der Schnur hält sie in der Schachtel fest.

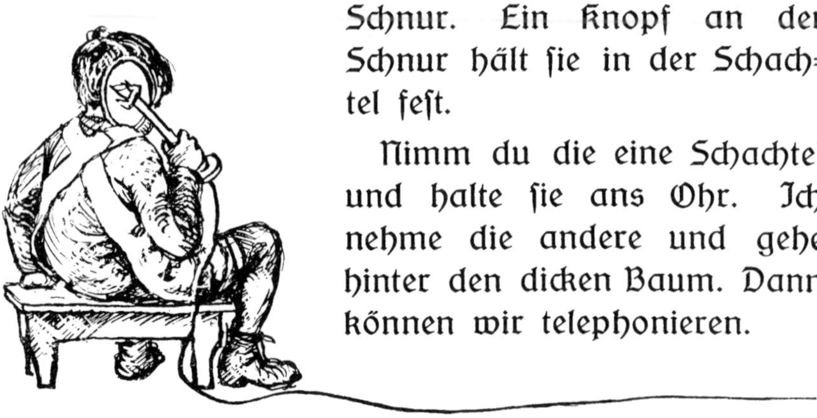

Nimm du die eine Schachtel und halte sie ans Ohr. Ich nehme die andere und gehe hinter den dicken Baum. Dann können wir telephonieren.

75. Der April.

Das ist der April, der tut was er will.
Er bläst und er rüttelt,
er stürmt und er schüttelt,
und kennt keinen Spaß,
macht alles patschnaß!

76. Ostern kommt.

1. Der Frühling kommt, der Schnee ist fort,
die Wiesen werden grün.
Die Lerche singt, und hier und dort
sieht man schon Blumen blühn.

2. Jetzt kommt auch bald das Osterfest,
wo uns im grünen Gras
viel bunte Eier legt ins Nest
der kleine Osterhas.

Hallo! – Wer ist dort?
Sophie. – Wer dort?

Joseph. – Morgen habe ich meinen Geburtstag. Wie alt bist du dann? Acht Jahre. Und du? Erst sechs.

Sophie, ich lade dich ein. Meine Mutter hat schon den Kuchen gebacken. Einen feinen sage ich dir. Wir trinken dazu auch Schokolade. Du kommst doch sicher?

Ja gerne. Auf Wiedersehen!
Klingeling! Klingeling!

77. Osterhäschen.

Liebes Häschen, willst du morgen uns für Ostereier sorgen? Liebes Häschen, bringe bald bunte Eier aus dem Wald. Weiches Moos und grüne Ästchen holten wir für dich zum Nestchen. Und daneben legen wir Gras und Klee zur Speise dir. Und der Hund muß an die Kette, und wir Kinder gehn zu Bette, daß dir niemand bange macht, wenn du leise kommst zur Nacht.

78. Annele im Kaufladen.

1. Annele Bannele goht in Lade,
möcht für siebe Pfennig habe
siebe Schokoladehase,
bloß so hoch bis rauf an d' Nase,
und en Zuckerei en dicks.
Sonst will Annele Bannele nix.

2. Und d'r Kaufmann stoht im Lade,
tut zu Annele Bannele sage:
Annele Bannele, woißt du was?
Lauf no g'schwind zum Osterhas.
Do kriegst hundert sicherlich.
Annele Bannele ärgert sich.
Ätsch Gäbele, ätsch!

79. Blümchen blühe!

Blümchen am Wege, Blümchen am Stege,
Blümchen blüh'! Frühjahr ist hie!

80. Der Frühling ist da.

Ihr Kinder, heraus,
heraus aus dem Haus.
Heraus aus den Stuben,
ihr Mädchen und Buben.
Der Frühling, der Frühling,
der Frühling ist da.

81. Der Kinder Frühlingsliedchen.

1. Der Schnee ist geschmolzen,
der Frühling ist da.
Ich sing ihm ein Liedchen, trara, trara!

2. Der Kirschbaum hat Blüten,
sind schöner als Schnee
und duften so lieblich, juhe, juhe!

3. Die Schwalben und Staren,
die zwitschern so frei.
Trara und juheisa, auch wir sind dabei!

4. Der Schnee ist geschmolzen,
der Frühling ist da.
Ich sing ihm ein Liedchen, trara, trara!

82. Musik am Teich.

Nahe am Walde ist ein großer Teich. Ihr kommt mir heute gerade recht, sagte eines Abends der Onkel zu den Kindern. Ich habe meine Musikanten bestellt. Kommt mit zum Teiche.

Quo—aak — — quo—aak! rief der alte Froschkönig aus dem Wasser.

Der alte Musikmeister ist schon da, sagte der Onkel.

Quak—quak! — quak—quak!

Hört, sie stimmen schon die Geigen und Flöten.

Quak, quak, quak, quak! — Quäk, quäk, quäk, quäk! — Wärre, wärre, wärre, wärre!

Nun ist das Konzert in vollem Gange, lachte der Onkel.

Auf einmal war es wieder still. Das war das erste Stück, sprach der Onkel. Gleich kommt das zweite.

Quo—aak — — quo—aak! begann wieder der alte Kapellmeister.

Das zweite Stück lautete gerade so wie das erste. Nun warf der Onkel einen Stein ins Wasser. Da war auf einmal alles still. Doch nicht lange und dann kam das dritte Stück: Quo — aak — — quo — aak!

83. Alles verkehrt.

Wein in der Tüte.
Essig im Papier.
Oel in der Schachtel.
Bier in der Kiste.
Senf im Sack.
Wichse in der Flasche.
Käse im Faß.
Körbe in den Eiern.
Dosen in der Wichse.
Tüten im Kaffee.
Linsen im Kuchen.
Zibeben im Käse.
Seife in der Suppe.
B r r r r r r r.

84. Ratet flink!

Welches Wasser kommt vom Himmel?
Welches Glöcklein hat keinen Ton?
Welche Tierlein haben eine Königin?
Welcher Käfer kommt im Mai?
Welcher Käfer hat ein Geweih?

85. Ein Tanzliedchen.

1. Brüderchen, komm, tanz mit mir! Beide Hände reich ich dir. Einmal hin, einmal her, rund herum, es ist nicht schwer!

2. Mit den Füßen trapp, trapp, trapp! Mit den Händchen klapp, klapp, klapp! Einmal hin, einmal her, rund herum, es ist nicht schwer!

3. Mit dem Köpfchen nick, nick, nick! Mit dem Finger tick, tick, tick! Einmal hin, einmal her, rund herum, es ist nicht schwer!

86. Hänschen und der Schmetterling.

1. Hänschen und Gretchen spielten im Garten. Da kam ein rot und gelber Schmetterling geflogen. Gleich wollte Hans ihn fangen. Gretchen rief: Ach, laß doch das hübsche Tierlein gehen! Aber Hans hörte nicht.

2. Mit dem Hut in der Hand lief er dem Schmetterling nach. Er schaute immer nur in die Höhe. Patsch, fiel er in einen tiefen Graben voll Wasser. Der Schmetterling flog fröhlich davon. Hänschen aber ging weinend heim, und alle Kameraden lachten ihn aus.

87. Maikäfer flieg.

Maikäfer flieg!
Dein Vater ist im Krieg,
dein' Mutter ist im Pommerland,
Pommerland ist abgebrannt.
Maikäfer flieg!

88. Auf dem Spielplatz.

Ich und du und du und du,
zwei mal zwei ist viere,
tragen Kränze auf dem Kopf,
Kränze aus Papiere.

Rechts herum und links herum,
Röck' und Zöpfe fliegen.
Wenn wir alle schwindlig sind,
fall'n wir um und liegen.

Purzelpatsch, wir liegen da,
Patschelpurz im Grase.
Wer die längste Nase hat,
der fällt — auf die Nase.

89. Seifenblasen.

1. Moritz machte gestern Seifenblasen. Er hatte eine Tasse Wasser mit Seife und einen Strohhalm. Einmal blies Moritz langsam. Da kamen ganz große und dicke heraus. In diesen sah man Kinder und Häuser und Fenster. Dann blies er wieder schnell. Da gab es viele kleine. Die Luft flog ganz voll davon.

2. Die kleine Emma stand neben Moritz und suchte die Blasen zu fangen. Einige erhaschte sie. Andere waren schon geplatzt. Die meisten aber flogen so hoch, daß man sie kaum mehr sehen konnte.

90. Der lustige Kreisel.

1. Schnurre, Kreisel, schnurr! Surre, surre, surr! Mußt dich hurtig ringsum drehn, darfst ja gar nicht stille stehn. Schnurre, Kreisel, schnurr! Surre, surre, surr!

2. Springe, Kreisel spring! Tanz, du närrisch Ding! Springst du hundertmal herum, fällst du dann von selber um. Springe, Kreisel, spring! Tanz, du närrisch Ding!

91. Maikäfer.

Sag an, du Siebenschläferlein,
wie singt das Maienkäferlein?
Sum sum sum sum,
sum sum sum sum,
so singt das Maienkäferlein.

Sag an du Siebenschläferlein,
wie träumt das Maienkäferlein?
Mum mum mum mum,
mum mum mum mum,
so träumt das Maienkäferlein.

Sag an du Siebenschläferlein,
wie spricht das Maienkäferlein?
Rum rum rum rum,
rum rum rum rum,
so spricht das Maienkäferlein.

Sag an, du Siebenschläferlein,
wie lacht das Maienkäferlein?
Hum hum hum hum,
hum hum hum hum,
so lacht das Maienkäferlein.

Sag an, du Siebenschläferlein,
wie zankt das Maienkäferlein?
Brum brum brum brum,
brum brum brum brum,
so zankt das Maienkäferlein.

92. Warum das Maiglöckchen so angenehm duftet.

1. Als der liebe Gott die Blumen erschaffen hatte, freuten sich alle sehr. Sie schauten einander neugierig an. Jedem Blümchen wurde ein Platz angewiesen, und dort mußte es wohnen.

2. Das Maiblümchen sollte in den Wald gehen. Da fing es an zu weinen und sprach: Jetzt muß ich kleines Blümchen hinaus in den Wald, wo es so große Bäume hat. Kein Mensch wird dort zu mir kommen.

3. Da erbarmte sich der liebe Gott. Er nahm das weinende Blümchen in seine Hand und hauchte es an. Davon bekam es den herrlichen Duft, wie es ihn jetzt noch hat.

4. Deshalb suchen die Menschen das blühende Blümchen auf. Ja, sie tragen es hocherfreut nach Hause und schmücken damit das Maialtärchen.

93. Das Bienchen.

Summ, summ, summ! Bienchen summ herum!
Ei, wir tun dir nichts zuleide,
flieg nur aus in Feld und Heide!
Summ, summ, summ! Bienchen summ herum!

94. Die Rose.

Die Blumen wollten eine Königin haben. Wer sollte aber Königin sein? Die große Sonnenblume sprach: Ich will Königin werden! Die stolze Tulpe rief: Nein, ich will es sein, denn ich bin bunt und fein! Aber die Blümchen holten die Rose und sprachen zu ihr: Liebe Rose, sei du unsere Königin! Denn keine Blume hat einen so süßen Duft wie du, und du bist an Gestalt und Farbe schöner als wir alle. Die Rose war damit zufrieden. Und seit dieser Zeit ist sie immer Königin geblieben.

Drei Rosen im Garten,
drei Lilien im Wald.
Im Sommer ist's lustig,
im Winter ist's kalt.

95. Unser Dörflein.

1. Steht ein Kirchlein im Dorf, geht der Weg dran vorbei,
und die Hühner, die machen am Weg ein Geschrei.

2. Und die Tauben, die flattern da oben am Dach,
und die Enten, die schnattern da unten am Bach.

3. Auf der Brück steht ein Junge, der singt, daß es schallt.
Kommt ein Wagen gefahren, der Fuhrmann, der knallt.

4. Und der Wagen voll Heu, der kommt von der Wiese,
und oben darauf sitzt der Hans und die Liese.

5. Die jodeln und juchzen und lachen alle beid,
und das klingt durch den Abend, es ist eine Freud.

6. Und dem König sein Thron, der ist prächtig und reich,
doch im Heu zu sitzen, dem kommt doch nichts gleich.

7. Und wär ich der König, gleich wär ich dabei
und nähme zum Thron mir einen Wagen voll Heu.

96. Der Hufschmied.

Kling, klang, kling di wing, wir hämmern ein Stück Eisen.
Kling, klang, kling di wing, der Bauer geht auf Reisen.
Kling, klang, kling di wing, sein Rößlein muß beschlagen sein.
Drum hämmern wir beim Funkenschein
acht Nägel in den Huf hinein.
Kling, klang, klapp. Nun fällt 's Hufeisen nie mehr ab.

97. Gänschen.

Die Gänschen gehen barfuß,
sie haben keine Schuh.
Sie wackeln mit den Schwänzchen
und schnattern dazu.

98. Die beiden Ziegen.

Zwei Ziegen wollten über einen ganz schmalen Steg. Die eine wollte herüber, die andere wollte hinüber. Ausweichen konnten sie einander nicht, weil der Steg so schmal war. Geh zurück, sagte die eine, und laß mich zuerst hinüber! Da müßte ich doch dumm sein, sagte die andere, ich bin zuerst dagewesen. Geh du zurück und laß mich hinüber. So stritten sie noch lange. Dann fingen sie an, einander zu schelten. Endlich stießen sie mit den Hörnern gegeneinander. Bums, bums! Pitsch, patsch! da lagen sie beide im Wasser.

99. Spatzennamen.

Die Spatzen schrein in ihrem Nest,
als hätten sie ein großes Fest.
Denn heute fliegt das ganze Haus
zum erstenmal ins Feld hinaus.

Da gibt der Spatz, der alte Mann,
noch jedem seinen Namen an:
Du bist der Winkelschlupfer,
du bist der Gassenhupfer,
und du der Bröselesser
und du der Kirschenfresser.

Nun nehmt euch alle recht in acht,
denn alle Kätzlein schleichen sacht.
Dann fliegen alle Spätzlein fort,
ein jedes hin an seinen Ort.

100. Der Hahn.

1. Kikeriki! Kikeriki!
ruft der Hahn schon in der Früh,
weckt den Bauer aus der Ruh,
das Gesinde auch dazu.
Doch die kleinen Kindlein
schlafen noch drei Stündlein.

2. Kikeriki! Kikeriki!
ruft der Hahn schon in der Früh.
Alle Vögel werden wach
auf dem Baum und unterm Dach.
Doch die kleinen Kindlein
schlafen noch zwei Stündlein.

3. Kikeriki! Kikeriki!
ruft der Hahn schon in der Früh.
Seine Hühner allzumal
halten dann schon Morgenmahl.
Doch die kleinen Kindlein
schlafen noch ein Stündlein.

4. Kikeriki! Kikeriki!
ruft der Hahn schon in der Früh.
Draußen wird es licht und hell.
Aus dem Bettlein springen schnell
nun die kleinen Kindlein,
denn es schlug ihr Stündlein.

101. Die fünf Hühnerchen.

Ich war einmal im Dorfe,
da gab es einen Sturm.
Da zankten sich fünf Hühnerchen
um einen Regenwurm.

Und als kein Wurm mehr war zu seh'n,
da sagten alle: Piep.
Da hatten die fünf Hühnerchen
einander wieder lieb.

102. Bitte.

Das Pferd sagt zum Knecht:
Den Berg hinauf jag mich nicht,
den Berg hinab schlag mich nicht,
im Stall vergiß mich nicht!

103. Die Kuh schreit.

Muh muh muh,
so ruft im Stall die Kuh.
Sie gibt uns Milch und Butter,
wir geben ihr das Futter.
Muh muh muh,
so ruft im Stall die Kuh.

104. Das Kätzlein und das Spätzlein.

Unter einem hohen Baum
saß betrübt ein Kätzlein.
Warum fällt mir nicht herab
von dem Baum ein Spätzlein?
Kätzlein, steig zu mir herauf,
so ruft es von oben.
Kätzlein steigt, doch Spätzlein ist
schon davon geflogen.

105. Kind und Gänschen.

Wickel-Wackel-Gänschen!
Schau her, ich mach ein Tänzchen.
Kannst du es auch, so mach mir's nach!
Da rief das Gänschen aus dem Bach:
Das Tanzen schickt sich nicht für mich.
Komm her und schwimm doch so wie ich!

106. Fuchs und Ente.

1. Füchslein hatte einmal argen Hunger. In seiner Höhle lagen noch ein paar tote Mäuse. Aber der Fuchs knurrte:

Mag nicht Mäuse, mag nicht Ratten,
fresse lieber Gänsebraten.

2. Da schlich er hin an den Teich. Mitten auf dem Wasser schwamm eine fette Ente. Das wäre auch ein Braten für unseren Fuchs. Aber er konnte nicht schwimmen. Da rief er:

Liebe Ente auf dem Teich,
komm doch an das Ufer gleich!
Wir wollen da ein bißchen bleiben,
mit Plaudern uns die Zeit vertreiben.

3. Aber die Ente kannte den schlauen Fuchs wohl. Sie sagte: Nein, ich bleibe hier, wo ich sicher bin vor Dir.

4. Da ärgerte sich der Fuchs. Ganz beschämt schlich er davon, und der Kuckuck lachte ihn noch tüchtig aus.

107. Wenn's regnet.

Regne, regne, Tröpfchen.
Es regnet auf mein Köpfchen.
Es regnet aus dem Wolkenfaß.
Alle Blümlein werden naß.
Alle Gräslein sagen Dank
für den lieben Himmelstrank.

108. Regenwetter.

Schau naus, wie es regnet,
schau naus, wie es gießt,
schau naus, wie der Regen
vom Dach runter schießt.

109. Die drei Goldfischchen.

1. Ein Mann hatte drei Goldfischchen. Er setzte sie in einen kleinen Teich und gab ihnen gutes Futter. Die Fischchen waren ganz froh. Da sagte der Mann zu ihnen: Bleibt hübsch hier. Schwimmt nicht durchs Gitter in den großen Teich. Spielt auch nicht oben auf dem Wasser!

2. Als er fort war, sagte das eine: Ich möchte aber doch in den großen Teich. Da ist es schöner. Und es schwamm hinein.

3. Das zweite sprach: Oben auf dem Wasser scheint die Sonne. Da will ich spielen. Und es ging hin.

4. Das dritte war ganz folgsam und tat, was der Mann wollte. Was geschah?

5. Das erste verschlang ein Hecht. Das zweite fing ein Raubvogel. Das dritte hatte es gut, solange es lebte.

110. Rätsel.

Ich weiß ein bunt bemaltes Haus,
ein Tier mit Hörnern schaut heraus.
Das nimmt bei jedem Schritt und Tritt
sein Häuslein auf dem Rücken mit.
Doch rührt man an die Hörner sein,
so zieht es sich ins Haus hinein.
Was für ein Häuschen mag dies sein?

111. Meine Enten.

Alle meine Enten
schwimmen auf dem See.
Köpfchen in das Wasser,
Schwänzchen in der Höh.

112. Plätscherlotte.

Da unten am Brunnen,
da steht ein Faß,
da macht unsre Lotte
sich pitschepatsche naß.

Und oben die Sonne
hat drüber gelacht
und hat unsre Lotte
wieder trocken gemacht.

113. Unterm Holderbusch.

Ringel, Ringel, Reihe,
sind der Kinder dreie,
sitzen unterm Holderbusch,
rufen alle: Husch, husch, husch!

114. Zum Auszählen.

1. Eins, zwei, drei,
du bist frei.

2. Eins, zwei, drei,
Butter auf den Brei,
Salz auf den Speck,
du mußt weg.

3. Eins, zwei, drei,
nicke, nacke, nei,
nicke, nacke, nuß,
du bist duß.

4. Eins, zwei, drei, vier, fünf, sechs, sieben,
eine alte Frau kocht Rüben,
eine alte Frau kocht Speck,
und du mußt weg.

5. Will der Schmied das Pferd beschlagen,
wieviel Nägel muß er haben?
Eins, zwei, drei
und du bist frei.

6. Schneiderlein, Schneiderlein, hopp, hopp, hopp,
mach mir einen Rock, Rock, Rock;
bis ich zähle 1, 2, 3 —
muß das Röcklein fertig sein.

115. Hopp, hopp.

Hopp hopp hopp,
Pferdchen, lauf Galopp,
über Stock und über Steine,
aber brich dir nicht die Beine.
Hopp hopp hopp,
Pferdchen, lauf Galopp!

116. Autofahren.

Ein Auto steht vor dem Hause. Adolf und August betrachten es aufmerksam. Ah, darin möchten wir fahren, sagen sie. Das müßte fein sein.

Der Autoführer kommt. Steigt ein, ruft er, ihr dürft mitfahren! Schnell steigen Adolf und August ins Auto.

Das Auto fährt zuerst langsam. Dann saust es schnell dahin. An Gärten und Äckern fliegen sie vorüber. Das Auto hält. O wie schade, sie müssen aussteigen. Noch lange denken sie an die schöne Autofahrt.

117. Der kleine Gernegroß.

War einst ein kleiner Gernegroß,
fünf Jahr alt und ein halbes bloß.
Ei, spricht er, ich bin nicht mehr klein,
ich kann gar wohl ein Herr schon sein.
Er nimmt des Vaters Stock und Hut
und läuft hinaus mit stolzem Mut
und merkt es nicht, der kleine Tropf,
daß halb im Hute steckt der Kopf.
Und alle Leute bleiben stehn
und lachend auf das Herrchen sehn.
Ei, Hut, was hast du denn im Sinn?
Wo willst du mit dem Jungen hin?

❀

118. Vom unfolgsamen Häslein.

1. Am Abend, als die Sonne untergegangen war, sagte der Hasenpapa zu seinen Kleinen: Bleibt schön hier im Gebüsch. Ich will mit der Mama noch auf das Feld. Wir bringen euch süße Rüben und Klee.

2. Aber dem Hasenbüblein wurde es bald langweilig im Nest. Es sagte: Ich muß doch einmal selber hinaus und schauen, wie es auf dem Feld aussieht. Die Schwesterchen baten: O bleib da bei uns. Auf einmal erwischt dich der böse Uhu oder der Fuchs.

3. Aber da macht unser Häslein ein Männchen. Es stellt die Ohren und putzt den Schnurrbart und sagt: Die sollen nur kommen! Ich will ihnen schon zeigen, wer ich bin! Und fort war es.

4. Unser Häslein hüpfte am Himbeerstock vorbei zum Walde hinaus. Zuerst kam es auf das Feld. Ah, wie gut war da der Klee, viel besser als daheim. Und erst der Salat drüben am Gartenzaun!

5. Das Häslein schlüpfte durch eine Lücke in den fremden Garten und naschte Kraut und Rüben nach Herzenslust. Es dachte: Nach Hause komme ich noch früh genug. Jetzt will ich auch noch den schönen Spinat dort versuchen.

6. Endlich, als es dunkel war, wollte das Häslein schnell nach Hause eilen. Aber es fand die Lücke im Zaun nicht mehr. Es wurde ganz Nacht, und noch immer war das Häschen in dem fremden Garten.

7. Ganz nahe rasselt und knurrt der große Kettenhund. Wenn nur der nichts merkt! Horch, da huscht etwas durch die Luft und schreit: Uhu, uhu! Das Häslein duckt sich ins Kraut und zittert am ganzen Leib. Es kennt den bösen Nachträuber wohl. Gottlob! er ist vorbeigehuscht. Jetzt ist wieder alles ganz still. O wär ich doch daheim im Nest bei meinem Mütterlein! So denkt es und will vor Angst fast vergehen.

8. Auf einmal ruft es im Kornfeld: Häslein, mein Häslein! O, das war ja das Mütterlein! Hier bin ich im Garten, ruft das Büblein zurück. Die Mutter findet die Lücke im Zaun. Sie schlüpft hinein und holt ihr Büblein heraus. Nun geht es im Galopp dem Walde zu.

Doch bei der großen Buche,
steht dort nicht der Papa?
Als der beim Mondenscheine
sein Büblein wieder sah,
da packt er's bei den Ohren
und nimmt es mit nach Haus
und klopft dem lieben Söhnchen
die braunen Höslein aus.

119. Was die Regentropfen erzählen.

Der erste —

Ich fiel auf ein Dach und rutschte durch eine Röhre in ein Faß. Da kam ein kleines Mädchen. Es wusch seine Puppenwäsche. Nun ist sie schneeweiß, sagte es. So kam ich mit auf die Wiese zum Trocknen. Dort holte die Sonne mich fort.

Der zweite —

Ich kam in einen Garten, gerade auf ein Blumenbeet. Gut, daß du kommst, sagte das Stiefmütterchen. Ich war auch schon ganz verdurstet. Da labte ich das Blümchen.

Der dritte —

Ich war im Walde auf einer hohen Buche. Hopp, sagten die Blätter und schüttelten mich ab. Ein Brombeerstrauch fing mich auf. Aber die Dornen stachen mich. Ich machte, daß ich fortkam. Da kam ich zur roten Erdbeere. Am Abend schlief ich im weichen Moos.

Der vierte —

Ich sprang in einen See. Da mußte ich mit vielen andern Boote und Kähne tragen. Ich lernte auch allerlei Fische kennen. Einmal kamen Fischer mit einem großen Netz. Ich schlüpfte hindurch. Aber der glatte Aal wurde gefangen.

Der fünfte —

Wißt ihr, wo ich war? Im großen Meer. — Warum bist du nicht dort geblieben? Das Wasser war mir zu salzig. Ich ließ mich von einer Welle an den Strand tragen. Ein paar kleine Mädchen waren am Strande. Die spritzten sich naß. Ich sprang der einen ins blonde Haar. Da erwischte mich ein Sonnenstrahl.

120. Reife Kirschen mag ich sehr!

Mutter, guck, dein Schätzle lacht; denn es weiß, was du gebracht: Kirschen, Kirschen — pick, pick, pick! Mutter, ich bin ganz im Glück.

Mutter, gelt, du bist doch lieb, wenn ich's mache wie der Dieb, und vom Körbchen mit Verlaub mir ein Händlein Kirschen klaub, oder — auch ein wenig mehr, denn die Kirschen mag ich sehr.

121. Baden.

Heute ist das Wasser warm,
heute kann's nicht schaden,
schnell hinunter an den Bach,
heute gehn wir baden!

1, 2, 3 — die Hosen aus,
Stiefel, Kittel, Wäsche!
Und dann — plumps ins Wasser rein
grade wie die Frösche!
Plumps! Pitsch patsch! Pitsch patsch!

122. Barfüßle.

Wenn's warm ist im Sommer und trocken dazu,
da spar ich der Mutter die Strümpfe und Schuh'.
Die Strümpfe und Schuhe, die kosten viel Geld,
und ich lauf so gern barfuß wie die Gänslein durchs Feld.

123. Die vier Brüder.

1. Es fiel ein Knäblein in den Bach,
weil unter ihm das Steglein brach.

2. Sein ältster Bruder rief und schrie
und fiel vor Schrecken auf die Knie.

3. Der andre eilte schnell nach Haus
und rief die Mutter gleich heraus.

4. Der jüngste sprang dem Bruder nach
und zog ihn mutig aus dem Bach.

5. Nun denke nach und sag mir an,
wer wohl am besten hat getan.

124. Warum die Pappeln dürre Spitzen tragen.

An einem Bache stand eine Pappel. Sie streckte sich jedes Jahr ein bißchen höher hinauf. In den Himmel wollte sie hineinwachsen. Sie sprach: Ich habe die Erde da unten schon viele Jahre gesehen. Ich will auch einmal in den Himmel hineinschauen. Der liebe Gott wollte aber im Himmel keine Pappeln haben. Er ließ ihr die Spitze abdorren. Und seither sieht man oft Pappeln mit dürren Gipfeln.

125. Kletterbüblein.

Steigt das Büblein auf den Baum,
ei, wie hoch, man sieht es kaum!
Hüpft von Ast zu Ästchen,
schlüpft zum Vogelnestchen.
Ui! da lacht es.
Hui! da kracht es.
Plumps, da liegt es drunten.

126. Büble, hast Spatzen unter dem Hut?

1. Es war einmal ein Knabe, der hieß Michel. Der hatte Spatzen gefangen und steckte sie alle unter seinen Hut und wollte nun schnell damit nach Hause gehen. Da kam ein fremder Herr, der wußte den Weg nicht und fragte unsern Michel danach. Der Michel dachte aber nur an seine Spatzen, gab dem Fremden gar keine Antwort und grüßte ihn auch nicht. Ist das ein Grobian! dachte der Fremde.

2. Da kam auch der Lehrer, bei dem Michel in die Schule ging. Schon oft hatte der Lehrer zu ihm gesagt: Michel, zieh den Hut schön ab und sag freundlich guten Tag oder guten Morgen! Aber diesmal war Michel ganz sonderbar. Er wurde nur rot und rührte sich nicht. Da ging der Lehrer hin und nahm ihm den Hut vom Kopfe und brr! — flogen die Spatzen davon. Michel aber wurde von allen Leuten ausgelacht und bekam den Namen Spatzenmichel.

127. Der unzufriedene Kuckuck.

1. Als der liebe Gott die Vögel erschaffen hatte, wies er jedem einen Wohnort an: dem Storche das Dach, der Ente das Wasser, der Lerche den Acker, der Schwalbe das Haus. Und allen war der Wohnort recht, nur dem Kuckuck nicht. Das Dach war ihm zu luftig, das Wasser zu naß, der Acker zu hart, das Haus zu dunkel.

2. Da wurde der Schöpfer unwillig und sprach: Suche dir nun selbst einen Ort, der dir gefällt. Und seitdem wandert der Kuckuck von Ort zu Ort, von Land zu Land. Er hat noch keine Gegend gefunden, wo es ihm länger als einen Sommer gefallen hätte. Er schläft jede Nacht auf einem andern Baume. Von seinen Eiern legt er das eine hierhin und das andere dorthin. Dann geht er wieder fort und kennt seine Kinder nicht, und seine Kinder kennen ihn nicht.

128. Ein mutiges Vogelpaar.

1. Ein Vogelpaar hatte auf einem Baume sein weiches Nest. Darin lagen vier herzige Junge. Wenn die Alten ihnen Futter brachten, sperrten sie hungrig ihre gelben Schnäbelein weit auf. Der alte Jäger Kurt hatte seine helle Freude an der Vogelfamilie. Immer wieder schaute er nach ihr.

2. Eines Tages hörte er die Alten ängstlich schreien. Ein böser Habicht wollte die Jungen rauben. Die Alten wehrten sich und griffen den Raubvogel mutig an. Aber sie hätten ihn nicht bezwingen können. Da plötzlich krachte ein Schuß. Der Habicht stürzte ab. Die Kugel des alten Jägers hatte ihn gerade noch zur rechten Zeit getroffen.

129. Vom listigen Grasmücklein ein lustiges Stücklein.

Klaus ist in den Wald gegangen,
weil er will die Vöglein fangen.
Auf den Busch ist er gestiegen,
weil er will die Vöglein kriegen.
Doch im Nestchen sitzt das alte
Vögelein just vor der Spalte,
schaut und zwitschert: Ei, der Taus',
Kinderlein, es kommt der Klaus!
Hu, mit einem großen Prügel!
Kinderlein, wohl auf die Flügel!
Brr, da flattert's: Husch, husch, husch!
Leer das Nest und leer der Busch.
Und die Vöglein lachen Klaus
mit dem großen Prügel aus,
daß er wieder heimgegangen,
zornig, weil er nichts gefangen,
daß er wieder heimgestiegen,
weil er konnt kein Vöglein kriegen.

130. Lustige Sprüche.

Auf der Eisenbahn steht ein schwarzer Mann,
zündet ein Feuerlein an, daß man fahren kann.
Kinderlein, Kinderlein hängt euch dran,
jetzt gehts auf der Eisenbahn:
sch — sch — sch — sch — sch — sch!

⁂

Schmied, Schmied, Schmied,
nimm dein Hämmerlein mit.
Wenn du willst den Gaul beschlagen,
mußt dein Hämmerlein bei dir tragen.
Schmied, Schmied, Schmied,
nimm dein Hämmerlein mit.

⁂

Sige säge Holz entzwei,
kleine Stücke, große Stücke
schni schna — schni schna — schnugg.

⁂

Zisch zisch zisch,
der Schreiner hobelt den Tisch.
Schreiner, hoble den Tisch recht glatt,
daß er keine Löcher hat.
Zisch zisch zisch,
Schreiner, hoble den Tisch.

131. Als wir den Drachen steigen ließen.

1. Onkel Fritz hat einen Drachen gemacht, wahrhaftig so groß als ich selbst bin. Und einen langen Schweif mit Quasten hat der Drache, so lang, daß ihn zwei tragen müssen.

2. Am Mittwoch haben wir den Drachen steigen lassen. Wie freuten wir uns, als er in den Lüften schwebte und schaukelte, als wollte er sagen: Ach, wie ist mir so wohl!

3. Die Vögel aber sahen die seltsame Gestalt und dachten: Was ist denn das, was der Junge an der Schnur gefangen hält? Ist es vielleicht ein Vogel? Anfangs fürchteten sie sich. Dann besahen sie sich den Drachen näher und spotteten herab:

Ach, geht mit eurem Drachentier,
das ist ja gar nichts als Papier!

4. Unser Drache machte sich aber nichts daraus. Er wedelte nur mit seinem langen Schweif im Winde wie ein Fisch im Wasser. Aber der Wind hörte auf zu blasen, und da sehnte sich der Drache wieder nach der Erde. Kopfüber purzelte er hernieder.

132. Das Korn.

Der Bauer baut mit Müh und Not
das Korn für unser täglich Brot.
Zum Müller wird das Korn gebracht
und feines Mehl daraus gemacht.
Der Bäcker nimmt das Mehl ins Haus
und bäckt im Ofen Brot daraus.
Die Mutter streicht noch Butter drauf,
und wir? Wir essen alles auf.

133. Igel und Maus.

1. Ein Bauer hatte einen Acker mit Weizen. Die Ähren waren bald reif. Auf dem Felde wohnte eine Maus. Diese huschte am Abend aus ihrem Loch und naschte von den schönen Körnern. Der Bauer ärgerte sich darüber. Er konnte die Näscherin aber nicht erwischen. Da ging er zum Igel und sagte:

Guter Igel, sei doch lieb,
fange mir den Körnerdieb!

2. Der Igel versteckte sich im Weizenfeld. Am Abend kam das Mäuslein wieder. Leise schlich der Igel heran, und schnapp — da hatte er die Diebin erhascht. Dann ließ er sich den frischen Braten gut schmecken.

134. Etwas vom Lande der Zwerge.

So ist es im Lande der Zwerge:
Ameisenhaufen sind die Berge,
das Sandkorn ist ein Felsenstück,
der Seidenfaden ist ein Strick,
die Nadel ist da eine Stange,
ein Würmchen ist da eine Schlange,
als Elefant gilt da die Maus,
der Fingerhut ist da ein Haus.
Die Fenster sind wie Nadelöhre,
ein Glas voll Wasser wird zum Meere,
der dickste Baum ist dünn wie ein Haar,
ein Augenblick ist da ein Jahr.

135. Wie es im Lande der Riesen zugeht.

So geht es im Lande der Riesen:
Da nähen die Schneider mit Spießen,
da stricken die Mädchen mit Stangen,
da füttert man Vögel mit Schlangen,
da malen mit Besen die Maler,
da macht man wie Kuchen die Taler,
da schießt man die Mücken mit Pfeilen,
da webt man die Leinwand aus Seilen.

136. Von einem Riesen.

Einmal war einem Riesen etwas ins Auge gekommen, das ihn stach. Er wollte es mit dem Finger herausgrübeln. Aber sein Finger war zu ungeschickt dazu. Da nahm er eine Korngarbe und wischte es damit glücklich heraus. Was war's? Ein Tannenzapfen. Den zerdrückte der Riese zwischen den Fingern und sagte: Wer sollte meinen, daß solch ein kleines Ding so weh täte!

137. Der Wolf und die sieben jungen Geißlein.

1. Es war einmal eine alte Geiß. Die hatte sieben junge Geißlein. Einmal wollte sie in den Wald gehen und Futter holen. Da rief sie alle sieben herbei und sagte: Liebe Kinder, ich will hinaus in den Wald. Hütet euch vor dem Wolf! Wenn er hereinkommt, frißt er euch alle mit Haut und Haar. Die Geißlein sagten: Liebe Mutter, wir wollen uns schon in acht nehmen. Du kannst ohne Sorge fortgehen. Da war die alte Geiß zufrieden. Meckremäh! sagte sie und ging in den Wald.

2. Es dauerte nicht lange, so klopfte jemand an die Haustür und rief: Macht auf, ihr lieben Kinder! Eure Mutter ist da und hat jedem von euch etwas mitgebracht. Aber die Geißlein hörten an der rauhen Stimme, daß es der Wolf war. Sie riefen: Du bist nicht unsere Mutter. Die hat eine feine, liebe Stimme. Aber deine Stimme ist rauh. Du bist der Wolf. Und sie machten nicht auf.

3. Da ging der Wolf in den Kaufladen und kaufte sich ein Stück Kreide. Das fraß er und machte damit seine Stimme fein. Dann kam er wieder an die Haustüre. Er klopfte an und rief ganz lieb und fein: Macht auf, ihr lieben Kinder! Eure Mutter ist da und hat jedem von euch etwas mitgebracht. Aber die Türe hatte unten eine Spalte. Die Geißlein guckten hinaus, und da sahen sie einen schwarzen Fuß. Sie riefen: Wir machen nicht auf. Unsere Mutter hat keinen schwarzen Fuß wie du. Du bist der Wolf.

4. Da lief der Wolf zu einem Bäcker und sprach: Ich habe meinen Fuß hingestoßen. Streich mir Teig

darüber. Der Bäcker tat es. Dann lief der Wolf zum Müller und sprach: Streu mir weißes Mehl auf meine Pfote! Der Müller wollte zuerst nicht. Aber der Wolf sprach: Wenn du es nicht tust, so fresse ich dich. Da fürchtete sich der Müller und machte ihm die Pfote weiß.

5. Nun kam der Wolf zum drittenmal an die Haustür. Er klopfte an und sprach: Machet mir auf, Kinder. Euer liebes Mütterchen ist heimgekommen und hat jedem von euch etwas mitgebracht. Aber die Geißlein riefen: Zeig uns zuerst deinen Fuß, daß wir sehen können, ob du unser liebes Mütterlein bist. Da steckte der Wolf den Fuß durch die Spalte. Und die Geißlein sahen, daß es ein weißer Fuß war. Da meinten sie, ihr Mütterlein sei draußen, und machten die Türe auf.

6. Wer aber hereinkam, das war der Wolf! Hu! wie erschraken da die Geißlein. Sie wollten sich verstecken. Das eine sprang unter den Tisch, das zweite ins Bett, das dritte in den Ofen, das vierte in die Küche, das fünfte in den Kasten, das sechste unter die Waschschüssel, das siebente in den Uhrkasten. Aber der Wolf fand sie alle und schluckte eins nach dem andern ganz hinunter. Nur das kleinste im Uhrkasten, das fand er nicht. Dann ging er hinaus und legte sich draußen auf der grünen Wiese unter einen Baum und fing an zu schlafen.

7. Nicht lange darauf kam die alte Geiß heim. Ach, was mußte sie da erblicken! Die Haustüre stand sperrweit offen. Tisch, Stühle und Bänke waren umgeworfen. Die Waschschüssel lag in Scherben auf dem Boden. Decke und Kissen waren aus dem Bett gerissen. Sie suchte ihre Kinder. Aber nirgends waren sie. Sie rief alle nach-

einander beim Namen. Aber niemand antwortete. Endlich kam sie an das jüngste. Da rief eine feine Stimme: Mütterlein, ich bin im Uhrkasten. Da holte sie es heraus. Und es erzählte ihr, der Wolf wäre gekommen und hätte die andern alle gefressen. Da legte sich die Mutter auf den Boden und weinte, und ihr kleines Geißlein weinte auch.

8. Endlich ging sie in ihrem Jammer hinaus, und das kleine Geißlein lief mit. Sie kamen auf die Wiese. Da lag der Wolf unter dem Baum und schnarchte, daß die Äste zitterten. Und in seinem vollen Bauche regte sich etwas. Die Geiß dachte: Ach Gott, sind meine armen Kinder am Ende noch am Leben?

9. Da mußte das kleine Geißlein ins Haus laufen und Schere, Nadel und Faden holen. Dann schnitt die Geiß dem Wolf den Bauch auf. Und kaum hatte sie den ersten Schnitt gemacht, da streckte schon ein Geißlein den Kopf heraus. Und als sie weiterschnitt, da sprangen nacheinander alle sechse heraus, gesund und heil. Das war eine Freude! Sie herzten ihre liebe Mutter und hüpften um sie herum. Die Mutter aber sagte: Jetzt geht und holet schwere Steine! Damit wollen wir dem wüsten Tier den Bauch füllen. Da schleppten die Geißlein in aller Stille Steine zusammen. Die steckten sie dem Wolf in den Bauch. Die Mutter nähte zu und der Schnarcher schlief so fest, daß er gar nichts davon merkte.

10. Als er endlich ausgeschlafen hatte, stand er auf. Und weil ihm die Steine im Magen so großen Durst machten, wollte er an den Brunnen gehen und trinken. Wie er aber die ersten Schritte machte, rumpelten die Steine in seinem Bauch zusammen. Da rief er:

Was rumpelt und pumpelt in meinem Bauch herum?
Ich meinte, es wären sechs Geißlein,
so sind's lauter Kieselstein.

Und als er an den Brunnen kam, bückte er sich über das Wasser und wollte trinken. Da zogen ihn die schweren Steine hinein, und er mußte jämmerlich ersaufen.

11. Als die Geißlein das sahen, sprangen sie alle herbei und schrieen: Der Wolf ist tot! Der Wolf ist tot! Und sie tanzten mit ihrer Mutter vor Freude um den Brunnen herum.

138. Gebet für die Eltern.

Zum Beten will ich falten,
Herr, meine Händchen klein.
Du wollest froh erhalten
die lieben Eltern mein.

Du wollest sie mit Segen
beglücken immerfort
und sie auf allen Wegen
beschützen, starker Hort!

139. Spruch.

Dem Kind, das seine Eltern ehrt,
wird Glück und Heil von Gott beschert.

140. Der Vater im Himmel.

1. Aus dem Himmel ferne,
wo die Englein sind,
schaut doch Gott so gerne
her auf jedes Kind.

2. Höret seine Bitte
treu bei Tag und Nacht,
nimmt's bei jedem Schritte,
väterlich in acht.

3. Gibt mit Vaterhänden
ihm sein täglich Brot,
hilft an allen Enden
ihm aus Angst und Not.

4. Sagt's den Kindern allen,
daß ein Vater ist,
dem sie wohl gefallen,
der sie nie vergißt.

Lebensweg des Fibel-Illustrators Karl Stirner

Karl Stirner, vielen durch seine Illustrationen zu Eduard Mörikes »Stuttgarter Hutzelmännlein« ein Begriff, wurde am 4. November 1882 in dem Ort Rosenberg bei Ellwangen an der Jagst geboren. Die Bilder zu diesem schwäbischen Märchen waren es, die dem von frühester Kindheit wahrlich nicht vom Glück Verwöhnten zum künstlerischen Durchbruch verhalfen.

Bei einem Ellwanger Zimmermaler lernte er zunächst mit Farben umzugehen, merkte jedoch recht bald, daß ihm dies auf Dauer nicht die Erfüllung bringen konnte. Nach Abschluß der Lehrzeit ging er, dem damaligen Brauch folgend, für mehrere Jahre auf Wanderschaft. Während dieser entbehrungsreichen Zeit begann er auf eigene Faust zu zeichnen. Um sich weiterzubilden, besuchte er mit 24 Jahren die Stuttgarter Kunstgewerbeschule, die er jedoch nach nur 1 1/2 Semestern wieder verließ. Durch seine Illustrationen von Mörikes »Stuttgarter Hutzelmännlein« und Ludwig Finckhs »Der Bodenseher« stellte sich 1913/14 der Erfolg ein.

Kurz nach Ausbruch des Ersten Weltkrieges ging er, geschwächt durch die jahrelangen Entbehrungen seiner Wanderzeit, lungenkrank in die Schweiz, um sich dort zu erholen. Sein liebenswürdiger, gemütvoller und wahrhaft poetischer Malstil zu Beginn seiner künstlerischen Laufbahn änderte sich im Jahre 1919 durch das Zusammentreffen mit dem bekannten deutschen Expressionisten Ernst Ludwig Kirchner in Davos. Diese Wende kam vor allem in der weit stärkeren Betonung der Farbe und dem deutlichen Zurücktreten der Linie zum Ausdruck. Ende 1920 verließ er die Schweiz und reiste nach Sizilien. Durch die Leuchtkraft der südlichen Sonne kam nun sein neuer Malstil voll zur Geltung und es entstanden ausdrucksvolle Landschaftsbilder.

Des Wanderns müde, kehrte der Maler Ende 1921 in seine angestammte Heimat zurück. Er heiratete und baute sich in Ellwangen ein Haus. Seßhaft geworden, begann er mit neuer Begeisterung zu malen, und es entstand ein unverwelkbarer Kranz von Bildern um seine geliebte Heimat. Zu dieser Zeit erschienen auch seine ersten Bücher, die neben zahlreichen Bildern eigene Gedichte und Erzählungen enthielten und so seinen Ruf als Malerpoet begründeten.

Nach Jahren fruchtbaren Schaffens in der Heimat erwachte in ihm Ende der zwanziger Jahre die alte Wanderlust. Trotz seines immer labilen Gesundheitszustandes unternahm er zwischen 1929 und 1934 drei große Reisen in den Süden, nach Nordafrika, Palästina und Italien, von wo er Bilder mit ungemein intensiver farblicher Leuchtkraft mitbrachte, die den Höhepunkt seines künstlerischen Schaffens darstellen. So waren einerseits die Sehnsucht nach der Ferne, andererseits die Liebe zur Heimat die beiden Pole im Wesen Karl Stirners, die auch in seinem Werk ihre Entsprechung gefunden haben.

Im Jahre 1933 erschien die von ihm illustrierte »Fibel für die katholischen Volksschulen Württembergs«. Durch sie wurden Tausende von Kindern mit seinen köstlichen Zeichnungen bekannt gemacht. Seine Kunst fand immer mehr Liebhaber und Bewunderer. Zu seinen Freunden zählten namhafte Persönlichkeiten wie Hermann Hesse, Theodor Heuss, Ludwig Finckh, August Lämmle und Wilhelm Schussen.

In der zweiten Hälfte der dreißiger Jahre nahm die Zahl neugeschaffener Bilder stark ab, denn die Zeiten produktiven Schaffens wurden mehr und mehr durch Perioden der Krankheit unterbrochen. Im Frühjahr 1943 suchte er, schon sehr von seinem Leiden gezeichnet, das Diakonissenkrankenhaus in Schwäbisch Hall auf, wo er sechzigjährig am 21. Juni des gleichen Jahres starb. Sein Grab befindet sich auf dem stillen Dorffriedhof seiner Heimatgemeinde Rosenberg.

Heute erinnern neben seinen Werken das Stirner-Zimmer im Schloßmuseum von Ellwangen sowie nach ihm benannte Straßen und eine Schule in seinem Geburtsort an diesen bedeutenden schwäbischen Malerpoeten.

Zur Geschichte der Karl-Stirner-Fibel

Ab 1930 befaßte sich die Stuttgarter Oberschulbehörde mit dem Gedanken, neue Fibeln für die konfessionsbezogenen Volksschulen in Württemberg herauszubringen.

Die Fibeln, die bis dahin im ersten Schuljahr der württembergischen Volksschulen im Gebrauch waren, sind im Jahre 1910 eingeführt worden und bedurften aus Gründen der Entwicklung in der Methodik einer Überarbeitung. Ein zusätzlicher Grund war die mit der Einführung der Sütterlinschrift erfolgte Schriftreform. Deshalb war es notwendig geworden, neue Lesebücher für die evangelischen und katholischen Volksschulen zu schaffen. In diesem Zusammenhang gab es seinerzeit schon von verschiedenen Seiten den Wunsch nach Einführung einer Simultanfibel, die neben einem gemeinsamen Teil einen nach Konfession getrennten Anhang enthalten sollte. Dies wurde aber aufgrund der damals herrschenden Meinung, man würde damit zu wenig auf das konfessionelle Moment in der Kindererziehung Rücksicht nehmen, abgelehnt. Allerdings forderte das Ministerium, daß beide Ausgaben denselben Lehrplan als Grundlage akzeptieren und daher ähnlich aufgebaut sein und die gleichen Schriftfolgen aufweisen müßten. In der Gestaltung der Texte und in der künstlerischen Ausstattung konnten jedoch eigene Wege eingeschlagen werden.

Nach Genehmigung durch das württembergische Kultusministerium wurde im Dezember 1930 ein Fibelausschuß unter der Leitung von Oberregierungsrat Pollich beim Katholischen Oberschulrat in Stuttgart eingerichtet. Diesem Ausschuß gehörte auch Oberschulrat Karl Allmendinger aus Ellwangen an. In drei Sitzungen wurden mehrere Entwürfe für die Fibel vorgelegt. Danach entschied der Ausschuß, daß, auf der Basis dieser Vorschläge, Oberschulrat Allmendinger das endgültige Manuskript erstellen sollte. Anfang Juli 1932 konnte es dem Kultusministerium vorgelegt werden, das den Entwurf ohne Beanstandung akzeptierte. Kurz danach wurde das Verlagsrecht der Fibel vom Katholischen Oberschulrat der Schwabenverlag AG in Stuttgart übertragen, die bei der Ausschreibung das günstigste Angebot unterbreitet hatte. Für Karl Stirner war dies insofern von Vorteil, als der Druck in der Zweigstelle des Verlages in Ellwangen erfolgen sollte, dessen Leiter, Fritz Mäule, mit dem Künstler befreundet war und auch schon einiges von ihm veröffentlicht hatte.

Bereits im März 1932 hatte Karl Stirner den Auftrag bekommen, die neue Fibel für die katholischen Volksschulen zu illustrieren. Stirner machte sich sogleich an die Arbeit, und so entstand ein bunter Reigen von Bildern aus dem Schwabenland, dessen Schwerpunkt natürlich in Stirners Heimat Ellwangen lag. Viele Bilder entstanden nach Modellen, oft waren es seine eigenen Kinder oder solche von Freunden und Bekannten. Nach seinem eigenen Bekunden arbeitete Stirner an den 82 Bildern, davon 42 in Farbe, insgesamt sieben Monate und bekam dafür ein Honorar von 3.000 Reichsmark.

Interessant ist im Zusammenhang mit der Vorbereitung der Fibel, was Stirner in einem Brief an seinen Dichterfreund Ludwig Finckh am 28. Juni 1932 schreibt: »Vor drei Wochen habe ich mich persönlich in Stuttgart beim Oberschulrat vorgestellt. Ich lernte dabei auch den Oberregierungsrat von der evangelischen Abteilung kennen. Er freute sich sehr über meine Bilder und sagte, er beneide den Katholischen Oberschulrat um diese Bilder. Ich erwiderte darauf, daß er doch den für ihn brauchbaren Teil meiner Bilder auch in die evangelische Fibel übernehmen könnte.« Dazu kam es aber nicht, denn die protestantische Ausgabe des Lesebuches wurde von den Malern Karl Sigrist aus Stuttgart-Kaltental, Peter Jakob Schober aus Stuttgart und Hermann Sohn aus Esslingen-Mettingen illustriert.

Ende November 1932 begann der Schwabenverlag mit den Druckvorbereitungen. Diese Arbeit in der Zweigstelle des Verlages in Ellwangen überwachte Karl Stirner selbst, wobei er zweimal in der Woche für eine Stunde in die Druckerei kam. Man kann also davon ausgehen, daß das Ergebnis des Druckes in einem hohen Maß den Originalzeichnungen entsprach. Auf dringendes Anraten des Malers wurden die farbigen Bilder der Fibel nicht im Offset- sondern im Vierfarbenbuchdruckverfahren hergestellt, was die Atmosphäre der Stirnerschen Bilder weit besser zum Ausdruck brachte. Erste Vorabdrucke der neuen Fibel schickte Stirner Ende 1932 an einige seiner Freunde, die sich dann auch in Briefen und in der Presse begeistert zu Wort melden.

Mit Datum vom 22. Dezember 1932 schreibt Hermann Hesse aus Montagnola an den Maler u. a.: »Ihre Fibelbilder sind, wie mir scheint, ausgezeichnet. Weitaus am liebsten sind mir die, denen man gleich ansieht, daß sie direkte Naturstudien sind. Die erfundenen und stilisierten gefallen mir weniger, aber auch sie sind sehr hübsch. Ich bin gar nicht dafür, daß man Kindern allzu vereinfachte, flache, ›kindlich‹ frisierte Bilder vorlegt, gerade darum gefallen mir die Ihren sehr gut.«

Der bekannte Latinist und Indologe Prof. Dr. Hermann Weller aus Tübingen, ebenfalls ein Freund Stirners, bringt am 28. Januar 1933 in einem Zeitungsartikel die wohl schönste Würdigung der Leistung des Malers in diesem Zusammenhang zum Ausdruck, indem er schreibt: »Es war ein glücklicher Gedanke, Karl Stirner mit der Illustrierung der Fibel zu beauftragen. Die ganze Vergangenheit des Künstlers, seine unvergeßlichen Bilder zum Hutzelmännlein, die uns so tief ansprechende Art seiner Gemälde und Zeichnungen mußten auf ihn hindeuten, und wir sind ihm aufs tiefste verpflichtet, daß er dem Rufe gefolgt ist. Kein einziger Maler auf der ganzen weiten Welt hätte diese Fibelbilder voll Kinderseligkeit, Heimatinnigkeit, Sonnenheiterkeit so schaffen können; die in seinem Lebensraum verwurzelte Beziehung zur Natur, seine selbstsichere Bescheidenheit, sein intuitives Wissen um die Geheimnisse der kindlichen Seele, die innere Wärme und Herzlichkeit seiner Weltanschauung mußten den schwäbischen Meister und die schwäbische Fibel gewissermaßen nach dem Gesetz einer prästabilierten Harmonie verbinden. Und so triumphieren in den bunten Farben und den feinen Formen die Kunst des Illustrators und das Mysterium der Kind-Welt zugleich.«

Auch der Schriftsteller Wilhelm Schussen äußert sich mit einem Artikel im Stuttgarter »Neuen Tagblatt« Anfang 1933 wie folgt: »Man freut sich riesig für die beschenkten Kleinen. Denn das ist wirklich alles bis ins Letzte hinein kindlich, natürlich, fesselnd, lustig, poetisch und zugleich sachlich und ernsthaft künstlerisch. Da haben die ABC-Schützen, aber auch die Lehrer und die Alten daheim, wirklich einmal ein Augenfutter, wie man es sich nicht feiner wünschen kann. Da ist das Lernen wirklich einmal lauter Lust und der Fleiß das reinste Spiel und Vergnügen. Nein, schöner und traulicher als in dieser Kinderfibel ist Gottvater mit seinen Engeln wohl überhaupt noch nie in die Himmelswolken hineingesetzt worden, und so eine Stirnersche Froschmusik am Teich ist schlechthin beseligend.«

Mitte Februar 1933 kam dann die »Fibel für die katholischen Volksschulen Württembergs« in 12.000 Exemplaren und zu einem Preis von 1,20 RM auf den Markt, rechtzeitig zum damaligen Schulanfang. Sie wurde sowohl von den Schülern als auch von den Lehrern begeistert aufgenommen. Das schönste Kompliment für den Maler aber war, daß sich für dieses Lesebuch sehr schnell der Begriff »Stirner-Fibel« eingebürgert hat.

Leider war diesem hervorragenden Werk nur eine kurze Lebenszeit beschieden. Fast gleichzeitig mit dessen Erscheinen fand Ende Januar in Berlin die sogenannte Machtergreifung statt. Das hatte zur Folge, daß die Bekenntnisschulen vom neuen Regime abgeschafft und durch Einheitsschulen ersetzt wurden. Der entsprechende Erlaß zur Einführung der »Deutschen Volksschule« erfolgte im Mai 1936 durch die Ministerialabteilung für Volksschulen in Stuttgart. Die Konfessionsschulen standen aber bereits seit 1933 unter entsprechendem Druck von Seiten des NS-Regimes, dem auch der seit 1913 als Leiter des Bezirksschulamtes Ellwangen tätige, hochgeschätzte Oberschulrat Karl Allmendinger nicht Stand hielt. Der für Konzept und Texte der Stirner-Fibel verantwortlich zeichnende Pädagoge zog es deshalb vor, wegen seiner christlichen Grundhaltung und dem vorprogrammierten Konflikt mit den damaligen Machthabern, im Juli 1934 sein Amt niederzulegen und Ellwangen zu verlassen. In der Folge war dann auch das Ende für die konfessionsbezogenen Fibeln abzusehen. Diese wurden bereits ab 1935 durch die sogenannte Einheitsfibel mit dem Titel »Fibel für die Volksschulen Württembergs« ersetzt, die im Verlag der Union Deutsche Verlagsgesellschaft Stuttgart, Berlin, Leipzig erschien und in mehreren Ausgaben bis 1945 Verwendung fand. In diese Fibel fanden nun Hakenkreuz- und Runenfahnen sowie der Führer als Kinderfreund Eingang. Allerdings hielt man an den Illustratoren fest, so daß nun die evangelischen Maler Sigrist, Schober und Sohn mit dem katholischen Maler Stirner zusammen die Bilder lieferten, von denen viele aus den seitherigen Fibeln übernommen wurden. Eine Ironie des Schicksals war, daß drei Jahre zuvor die Idee einer Simultanfibel noch gescheitert war und nun durch Zwang von oben Realität wurde. Daß es aber unter diesen Umständen zu dieser Wende kommen sollte, ahnte damals wohl keiner.

1946, ein Jahr nach dem Ende des Zweiten Weltkrieges, wurde dann die vom Dritten Reich vorgeschriebene Fibel durch eine neue, mit dem Titel »Froher Anfang« ersetzt. Sie erschien im Gemeinschaftsverlag der Union Deutsche Verlagsgesellschaft Stuttgart und der Schwabenverlag AG Stuttgart. In den Ausgaben dieser Fibel – die letzte erschien 1956 – waren auch Bilder von Karl Stirner enthalten, obwohl dieser bereits 1943 verstorben war. So kamen Tausende von Kindern über drei Jahrzehnte hinweg mit der Kunst Stirners in Berührung. Diese Bilder haben sich den damaligen Grundschülern so eingeprägt, daß es auch heute noch eine große Anzahl von Anhängern der Kunst dieses Malers gibt.

Verzeichnis und Erläuterungen der Fibel-Bilder

Seite	*Bezeichnung*	*Motiv*
T	Bub	Hermann Stirner, Sohn des Malers
T	Mädchen	Rosl Stirner, Tochter des Malers
1	Hahn	
1	Kuckucksuhr	
1	Knabe	Hermann Stirner
2	Zeppelin	
2	Winkende Kinder	Bergkette der Ostalb, im Vordergrund Rosl Stirner und Karl Ziegelbauer
3	Milchfuhrwerk	
3	Bub mit Schoppen	Hermann Gauckler, Ellwangen
3	Umgefallene Milchkanne mit Hund	
4	Kuh und Kalb an der Tränke	
5	Lampionzug	vlnr: Hermann Stirner, unbekanntes Kind, Marianne und Elisabeth Stirner, Rosl Stirner, Karl Ziegelbauer
5	Dackel mit Puppe im Maul	
6	Ringelreihen um Frühlingsbaum	Jagsttal mit Saverwang und Schwabsberg. vlnr: Marianne Stirner, Franz Mäule, Elisabeth Kaiser, Marianne Mäule, Rosl Stirner, Hermann und Elisabeth Stirner
7	Kinder beim Seilhüpfen	vlnr: Marianne Mäule, Rosl Stirner, Elisabeth Mäule
8	In der Wohnstube	Stirners Wohnzimmer im Haus auf der Wolfgangshöhe in Ellwangen: Frau Pauline Stirner mit ihren Zwillingen Marianne und Elisabeth
9	Hasenjagd	Im Vordergrund Rosl und Hermann Stirner
9	Hasenwerkstatt	
10	Im Rosengarten	Rechts am Rosenstrauch Rosl Stirner
11	Reif spielen	Rosl Stirner mit Reif, Hermann Stirner sitzend
12	Kind mit Kettenhund	Links im Vordergrund Hermann Stirner Ellwangen beim Hungerhof.
13	Kinder auf Wiese mit Grashalm	Im Vordergrund liegend Hermann Stirner, stehend Franz Mäule
14	Schäfer mit Herde und Karren	Ellwangen: Unterhalb des Birkenwäldchens
15	Drachen steigen lassen	
16	Badende Buben	Ellwangen: Jagstlauf an der alten Schrezheimer Brücke

17	Der blinde Geiger	Der Musiker und Bildhauer Josef Retzbach aus Ellwangen mit den Stirner-Kindern Hermann und Marianne
19	Betendes Mädchen am Bildstock	Ellwangen-Holbach mit Blick zum Schönenberg, im Vordergrund Rosl Stirner
20	In der Küche	Ellwangen: Im Retzbachhäusle. Die Malerin Marie Retzbach mit Hermann Stirner
21	Am Ziehbrunnen	vlnr: Unbekanntes Kind, Rosl und Hermann Stirner
22	Zügle am Bahnhof	Am Ellwanger Bahnhof: Vorn am Gitter Rosl und Hermann Stirner, in den Zug einsteigend Frau Pauline Stirner
23	Zugvögel	Blick vom Rechberg zum Hohenstaufen. Im Vordergrund Hermann und Rosl Stirner
24	Wanderknabe mit Stock und Hut	Hermann Stirner
25	Rätselraten	links unbekanntes Kind, rechts Hermann Stirner
26	Die Glucke und ihre Kinder	
27	»Schulstunde«	vlnr: Elisabeth Kaiser, Franz, Marianne und Elisabeth Mäule
28	»Groß und Klein«	Hirschkäfer und Ameise
29	Obsternte	Im Remstal
30	Bei der Obstfrau	Auf dem Ellwanger Wochenmarkt mit Marktfrau. Der Bub ist Hermann Gauckler
31	Im Zirkus	
32	Ein böses Spiel	Motiv aus dem Ort Schleifhäusle bei Ellwangen
33	Haselnußzweig	
35	Am Morgen	Dachstübchen im Retzbachhäusle in Ellwangen. Im Bett Hansjörg Retzbach, Sohn des Bildhauers Hans Retzbach.
37	Morgenstund hat Gold im Mund	
39	In der Großstadt	Stuttgart: Altes Schloß und Stiftskirche
40	Das fleißige Mütterlein	
41	Schwäbische Dorfstraße	
43	Zwergschnauzer	
45	Rosenstrauch mit Vogel und Maus	
46	Fachwerkhaus mit Huhn, Katze, Hahn	
47	Waldsaum	
49	Dorfstraße mit Nachtwächter	
51	Der erste Schultag auf dem Lande	Kapelle zum Hl. Blut in Schwenningen bei Ellwangen
53	Der göttliche Kinderfreund	Links sich am Zaun haltend: Rosl Stirner. Die Knaben rechts vom Baum sind Hermann Stirner und Karl Ziegelbauer

59	Weiden am Bach	
59	Jäger mit Hund im verschneiten Wald	
60	Verschneite Tanne	
60	Verschneite Landschaft mit Hase	
61	Seidenschwanz	
62	Sankt Nikolaus und Knecht Ruprecht	
63	Weihnachtskrippe unterm Tannenbaum	
65	Christbaum	Krippenfiguren von dem Musiker und Bildhauer Josef Retzbach, Ellwangen
68	Der Kaminfeger	
69	Schlittenritt	Vorn Hermann Stirner, hinten Elisabeth Stirner
71	Am Marktstand	
72	Katze mit Maus	
77	Mädchen mit Tracht auf einem Stuhl	
78	Telefonieren spielen	Hermann Stirner
79	Telefonieren spielen	Marianne Stirner
80	Mädchen mit Schürze	Elisabeth Stirner
81	Bub am Rosenstrauch	Knabe mit Hut: Hermann Stirner
82	Froschkonzert	
84	Liegender Knabe mit Schmetterling	Hermann Stirner
88	Dorfansicht	Rotenberg bei Stuttgart
90	Hahn und Hennen	
91	Rast	
94	Vier Enten	
95	Schneiderwerkstatt	
96	Knabe mit Schaukelpferd	Hermann Stirner
100	Angler und Kahn	
104	Schreinerwerkstatt	
107	Der Riese auf der Alb	Alblandschaft
111	Frau am Bildstock	Ellwangen: Am Schwedenkreuz
112	Der Vater im Himmel	Ansicht von Schrezheim bei Ellwangen. Links im Vordergrund Marianne und Hermann Stirner
112	Vignette mit Schnecke und Blume	

Die abgebildeten Kinder stammen aus folgenden Familien: Benjamin Gauckler, Architekt, Ellwangen; Dr. Franz Kaiser, Chefredakteur der Ipf- und Jagstzeitung, Ellwangen; Fritz Mäule, Leiter der Zweigstelle des Schwabenverlags, Ellwangen; Hans Retzbach, Bildhauer, Stuttgart; Karl Stirner, Kunstmaler, Ellwangen; Karl Ziegelbauer, Steuersekretär, Ellwangen.

Eduard Mörike
Das Stuttgarter Hutzelmännlein
Mit der Historie von der schönen Lau.
Mit 50 (statt bisher 37) farbigen Bildern von Karl Stirner.
Biographische Notiz von Hermann Hauber über Karl Stirner.
2. Auflage 2003.
120 Seiten, farbig illustriert,
Format 23 x 28,5 cm,
Leinen mit Goldprägung.
ISBN 3-89511-080-9

Ein Kobold gut bin ich bekannt
In dieser Stadt und weit im Land;
Meines Handwerks ein Schuster war
Gewiß von siebenhundert Jahr.
Das Hutzelbrot hab' ich erdacht
Auch viel seltsame Streich gemacht.

Wer läßt sich nicht verzaubern von der herrlichen Geschichte des Hutzelmännleins mit den Bildern von Karl Stirner? Immer wieder wurde diese Ausgabe als diejenige bezeichnet, in der das Wesen und die Anmutung des Textes am besten, ja auf kongeniale Weise ins Bild gesetzt ist. Beschenken Sie sich und Ihre Freunde mit diesem bibliophilen Juwel!

BETULIUS VERLAG STUTTGART